DEMOCRACIA E OPINIÃO PÚBLICA NO SÉCULO XXI

DEMOCRACIA E OPINIÃO PÚBLICA NO SÉCULO XXI

DAS PROMESSAS NÃO CUMPRIDAS PELA UNIVERSALIZAÇÃO DA PARTICIPAÇÃO À DISFUNCIONALIDADE DAS INSTITUIÇÕES POLÍTICAS PARA OS NOVOS PÚBLICOS

EMERSON URIZZI CERVI

70

DEMOCRACIA E OPINIÃO PÚBLICA NO SÉCULO XXI
DAS PROMESSAS NÃO CUMPRIDAS PELA UNIVERSALIZAÇÃO DA PARTICIPAÇÃO À DIFUNCIONALIDADE DAS INSTITUIÇÕES POLÍTICAS PARA OS NOVOS PÚBLICOS

AUTOR: Emerson Urizzi Cervi

DIRETOR DA ALMEDINA BRASIL: Rodrigo Mentz
EDITOR: Marco Pace
EDITOR DE DESENVOLVIMENTO: Rafael Lima
ASSISTENTES EDITORIAIS: Larissa Nogueira e Letícia Gabriella Batista
ESTAGIÁRIA DE PRODUÇÃO: Laura Roberti
REVISÃO: Elcio Carvalho e Alex Fernandes

DIAGRAMAÇÃO: Almedina
DESIGN DE CAPA: Roberta Bassanetto

ISBN: 9786554270892
Junho, 2023

Dados Internacionais de Catalogação na Publicação (CIP)
(Câmara Brasileira do Livro, SP, Brasil)

Cervi, Emerson Urizzi
Democracia e opinião pública e no século XXI : das promessas não cumpridas pela universalização da participação à difuncionalidade das instituições políticas para os novos públicos / Emerson Urizzi Cervi. – 1. ed. – São Paulo : Edições 70, 2023.

ISBN 978-65-5427-089-2

1. Ciência política 2. Democracia 3. Opinião pública 4. Política I. Título.

23-150597 CDD-302.14

Índices para catálogo sistemático:

1. Democracia : Participação social : Políticas públicas : Sociologia 302.14

Henrique Ribeiro Soares – Bibliotecário – CRB-8/9314

Este livro segue as regras do novo Acordo Ortográfico da Língua Portuguesa (1990).

EDITORA: Almedina Brasil
Rua José Maria Lisboa, 860, Conj. 131 e 132, Jardim Paulista | 01423-001 São Paulo | Brasil
www.almedina.com.br

Ao democrata anônimo.

SUMÁRIO

INTRODUÇÃO

O diagnóstico da existência de uma crise do funcionamento da democracia representativa, tal como estabelecido normativamente no século XX, tem sido feito a partir de diferentes abordagens, que vão desde as mais institucionalistas até as exclusivamente culturalistas. Partem de crises mínimas, causadas pelas dores da passagem da adolescência para a idade adulta, até posições mais pessimistas que apontam para o fim das democracias, pelo menos na modalidade representativa institucional (Keane, 2009; Levitsky e Ziblatt, 2018; Eatwell e Goodwin, 2020). Em contrapartida, poucas abordagens tratam diretamente do papel da Opinião Pública nos processos de formação, manutenção, crise e dissolução de democracias representativas. O livro pretende chamar atenção para a existência dessa lacuna e contribuir com a discussão sobre a cronologia das mudanças estruturais e conjunturais do debate público em democracias representativas[1]. O argumento central do livro parte de dois pressupostos. O primeiro é que para entender a funcionalidade da democracia representativa, desde seus primórdios no século XIX, e suas crises, é preciso considerar as características e o processo de formação da Opinião Pública. O segundo é que para entender o processo de formação de Opinião

[1] Para uma discussão histórica do conceito de Democracia ver Sartori (1994), Dahl (2001), Canfora (2007) e Abellán (2011), principalmente.

Pública no século XXI, é necessário recorrer aos estudos precursores dos estudos empíricos sobre o tema, no início do século XX.

Opinião Pública é pivotante para a manutenção das práticas de participação, justifica a seleção de representantes de interesses, estimula a mobilização via manifestações/protestos, ajuda na definição do voto e mantém a confiança em instituições com funções complementares para o cumprimento de um objetivo comum: fortalecimento e manutenção da democracia. No entanto, Opinião Pública não pode ser confundida com instituições democráticas. Ela tem autonomia no sistema. É desinstitucionalizada, ou então se transforma em outra coisa, chamada de opinião publicada. A Opinião Pública se manifesta nas ruas, nas conversas em pontos de ônibus, nos períodos que antecedem ou sucedem eventos coletivos institucionalizados. Também não pode ser confundida com cultura política, que é formada por um conjunto de características sociais, econômicas e históricas que nem sempre se manifestam na Opinião Pública, embora esta última dependa de elementos da primeira para se formar. Em outras palavras, a cultura política está dentro da Opinião Pública, mas nem tudo da Opinião Pública pode ser encontrado na cultura política de uma sociedade. Há fatores de curto prazo que são capazes de promover um curto-circuito nos valores sociais mais arraigados e mudar a direção da Opinião Pública sobre determinado tema em um dado momento histórico, de forma intensa e transitória.

Ao perpassar os dois conceitos, as relações entre opinião pública e democracia representativa permitem identificar o quanto a qualidade da representação política está associada ao tipo de debate que ocorre sobre temas de interesse comum e a partir do qual são identificadas as opiniões majoritárias do público. O livro propõe uma discussão sobre as relações entre opinião pública e política a partir de dois pontos de vista complementares: o das conexões entre a política representativa e a opinião do público e o da opinião propriamente dita para a representação democrática. Em tempos de desafios para as democracias universalistas, conhecer os processos de formação da opinião, seus componentes, sua transmissão da esfera pública para estatal e a maneira como os agentes estatais dão respostas a ela é fundamental para entender a representação pública e suas crises. Para facilitar a leitura, os principais conceitos mobilizados ao longo do texto são sumarizados aqui:

- Opinião Pública: é opinião compartilhada em grupos primários ou grandes grupos públicos sobre algum tema de interesse comum (o tema público), a partir de informações ou opiniões acessadas com o objetivo de ajudar a tomar uma posição. Ela interfere nas decisões de representantes públicos. É usada para apresentar ou remodelar políticas públicas em função das opiniões a respeito dos resultados iniciais. Tem a capacidade de reorganizar os grupos sociais. Tende a ser abstrata e, em geral, apenas alguns de seus aspectos conseguem ser apreendidos por pesquisas de opinião representativas do público. Há um único momento nas democracias em que a opinião pública ganha materialidade, que é quando ela se cristaliza na forma de voto.
- Espaço público: espaço que permite a um integrante do público expressar, de qualquer maneira, uma opinião sobre tema de interesse comum dos integrantes do público. Nem sempre a expressão de posições é feita de forma independente. Também é expressão pública replicar, apoiar, curtir, compartilhar opiniões formuladas por outros e disponibilizadas nos espaços públicos. Tradicionalmente é físico e apresenta a limitação da necessidade de presença material no local do debate. Também pode se dar em ambientes digitais, que apresentam limitações para presença efetiva dos participantes no debate público de fato.
- Líder de Opinião: qualquer integrante do público com mais visibilidade que os demais participantes do debate. A visibilidade ocorre na centralidade que o público dá ao líder em função de conhecimento legitimamente apurado sobre o tema ou pela visibilidade que se dá à institucionalização do líder por grupos de interesse. O primeiro é o líder de opinião horizontal,

mais identificado com os liderados. O segundo é o líder de opinião vertical, identificado com as instituições que representa e intermediam os interesses do líder com os liderados. Os liderados demonstram concordância com a posição do líder quando o seguem, o aplaudem ou curtem e compartilham suas opiniões sobre temas públicos. A proporção de líderes para o conjunto de liderados varia em função do modelo de comunicação predominante.

- Modelo tradicional de Comunicação Social: predominante até o século XIX, incluía meios de difusão de informações e opiniões muito individualizadas. A comunicação social se materializava em jornais que defendiam posições e que eram produzidos de forma personalizada, sem uma estrutura e divisão do trabalho consolidados. Cada meio de comunicação ajudava a conformar e manter determinada visão de mundo. Havia um número relativamente alto de líderes em relação a liderados nesse modelo do que no próximo.
- Modelo industrial de Comunicação Social: predominante no século XX, caracterizado por meios impressos e eletrônicos, principalmente rádio e televisão. O sistema de comunicação é formado por complexos modelos de produção em escala industrial e por ampla diferenciação de funções dentro dos processos, com especializações de atividades. Os meios de comunicação adotam o objetivo comercial de atingir a maior parte do público e, para isso, evitam externalizar opiniões em uma única direção. O princípio é dar espaço para as opiniões distintas, consideradas legítimas ao debate público pelos meios de comunicação. Aqui há uma concentração de poder de representação em menos líderes de opinião do que no modelo anterior.
- Ecossistema de comunicação digital: surge no século XXI, com os ambientes digitais ocupando uma pluralidade de espaços na vida privada e pública. São ambientes que servem para atender aos interesses comerciais de instituições e indivíduos integrantes

Aqui, o foco principal passa a ser o participante do debate público e não o debate propriamente dito. Consideram-se as opiniões como duplamente públicas, pois são apresentadas sobre temas de interesse comum e entre aquelas com informação disponível publicamente. As distintas formas como os cidadãos se envolvem nos processos de discussão pública são tão importantes quanto as características das fontes de conteúdo que servem como insumos ao debate. Ao fim, a opinião pública é resultado da combinação de efeitos de curto prazo das novas informações circulantes no público com efeitos psicossociais de longo prazo, influenciados pelas distintas formas de socialização, das crenças arraigadas e dos valores culturais. A identificação da opinião pública depende da capacidade de medir alterações ao longo do tempo, do grau de dependência que os indivíduos apresentam em relação aos grupos sociais e do volume de ruídos que dificultam a formação das opiniões. Nas sociedades políticas pós-materialistas, o que leva à insegurança é a circulação predominante de ruídos, além da desigualdade de condições sociais e culturais para participar do debate.

No terceiro capítulo é apresentado o que vem a ser a principal patologia dos processos de formação da Opinião Pública no século XXI e, com ela, a explicação de parte das mazelas das democracias representativas e os riscos à sobrevivência delas como as conhecemos hoje. Trata-se da "dissonância cognitiva compartilhada", desvio psicológico identificado em meados do século XX. O conceito de dissonância cognitiva aplica-se inicialmente sobre os comportamentos desviantes que são sustentados por desejos deslocados da realidade. Tais desejos, que suplantam fatos empíricos contrários às próprias crenças, são apoiados por processos de seleção e exposição a determinados conteúdos. Para se enquadrar como dissonância cognitiva não basta justificar opiniões e comportamentos com base em desejos, também é preciso que esses desejos sobrevivam a eventos que demonstrem nitidamente a sua inviabilidade. Por exemplo, se uma pessoa vai a um jantar e está dirigindo, mas quer tomar vinho, ela enfrenta um dilema: beber ou não beber, pois fatos da realidade demonstram que dirigir após ingerir bebida alcoólica aumenta o risco de acidentes. A pessoa decide beber e assume os riscos. Até aqui ainda não chegamos ao nível da dissonância cognitiva, pois não houve um evento que mostrasse o erro na tomada de decisão. Digamos que na volta para casa, alcoolizada, a pessoa perde o controle do carro em uma curva e se acidenta. Ela pode concluir que errou ao assumir o risco de dirigir depois de beber ou pode entrar em um processo de dissonância cognitiva, negar o efeito do álcool como causa do acidente, encontrar outra explicação, radicalizar sua opinião sobre álcool e direção e continuar bebendo antes de assumir a direção de um carro.

Grande parte dos argumentos usados para sustentar comportamentos e opiniões radicais no século XXI em confronto à democracia representativa é resultado de algum tipo de coletivização da dissonância cognitiva. O conceito, teorizado para o indivíduo, apresenta resultados agregados, quando incorporado por integrantes de públicos que participam do debate sobre temas de interesse comum. Não é que antes não existissem comportamentos injustificáveis no debate público do ponto de vista racional, pois eles sempre estiveram presentes nas conversações. Não é que as pessoas não selecionassem apenas parte das informações que concordam com suas opiniões próprias, isso sempre aconteceu. É que agora essa prática está alcançando níveis capazes de bloquear o próprio debate. A diferença no século XXI em relação às condições anteriores é que agora, em função de um conjunto de novas instituições, tecnologias e contextos de interação social, parte do público mantém uma posição pública dissonante com orgulho, mesmo quando todos os fatos da realidade indicam o contrário.

É esperado, como resultado do debate público, uma revisão da opinião inicial ou reposicionamento dos indivíduos em ambientes de trocas de conteúdos sobre temas públicos. Em outras palavras, manutenção de posições iniciais, independente do que aconteça no processo de formação da Opinião Pública que é a patologia. No Brasil, o fenômeno social com reflexos na dimensão política, denominado bolsonarismo, é um exemplo de como a dissonância cognitiva coletivizada pode bloquear o debate, criar mais ruído do que insumos para a Opinião Pública e interferir diretamente na manutenção e funcionamento de instituições representativas democráticas. Essa doença social, que afeta a saúde das democracias, já está identificada em um amplo conjunto de trabalhos que apontam os riscos que os sistemas políticos representativos atravessam no início do século XXI, ainda que na maioria das vezes a Opinião Pública seja desconsiderada nas explicações. A diferença aqui é que colocamos a Opinião Pública como conceito central para discutir as mazelas e as qualidades da democracia representativa no século XXI.

O objetivo geral do livro é descrever as principais características do processo de formação da Opinião Pública e, depois, usar os conceitos para diagnosticar a patologia do debate público atual e, por consequência, da própria democracia no século XXI. Não está entre os objetivos do texto indicar correções para os desvios. Também não é objetivo do livro abordar questões técnicas para medição empírica das posições sobre temas públicos. Entendemos que essa discussão é relevante e deve ocupar um espaço próprio, autônomo das questões históricas e conceituais. A complexificação dos espaços públicos, a heterogeneidade de interesses manifestos, a radicalização de posições e as potencialidades de medições indiretas a partir da identificação de comportamentos *online* colocam uma série de novas questões em contraposição às tradicionais pesquisas de opinião pública e precisam de um espaço para discussão.

CAPÍTULO 1

UM CONCEITO PARA OPINIÃO PÚBLICA: DO INÍCIO DO SÉCULO XX AOS TEMPOS ATUAIS

A atenção à Opinião Pública acompanha o interesse em estudos sobre a democracia representativa[3], em especial nos modelos do início do século XX. O processo de formação de uma opinião majoritária na sociedade é o que chancela a manutenção das instituições especializadas em fazer a representação da vontade social na dimensão estatal. Tomando essa relação como ponto de partida, apresentamos os principais elementos contidos na formulação de um conceito de Opinião Pública no século XX e a relação deles com a política, notadamente em regimes democráticos representativos. Duas características perpassam todo o conceito. A primeira é que Opinião Pública é considerada o resultado de um processo que começa no indivíduo – psicológico – e é concluído em trocas e interações coletivas – social –, portanto, trata-se de um fenômeno psicossocial. A segunda é que todos os atores envolvidos no processo de formação da Opinião Pública são autointeressados e, quando se manifestam, estão buscando de alguma forma alcançar seus próprios interesses. As estruturas de comunicação, os líderes de opinião e os integrantes comuns dos grupos mobilizam-se para participar do debate quando são capazes de identificar que seus próprios interesses estão em jogo nos espaços públicos.

---

[3] Não é nosso objetivo discutir conceitos, teoria e aplicações práticas da chamada "Democracia Deliberativa". Para uma discussão detalhada que relaciona deliberacionismo e opinião pública ver Blanco (2000).

1.1. Processo e formação da opinião pública

A opinião sobre temas públicos é inerente aos indivíduos e para se tornar pública ela precisa de interações sociais sobre temas de domínio do público. Como essa interação é permanente, ocorre em diferentes dimensões e é alimentada por novos conteúdos, a opinião individual e, por consequência, a pública, é transitória. Este é o processo para formação da Opinião Pública: se há informações disponíveis ao longo do tempo sobre determinado tema, a formação de opiniões tende a se estabilizar, desde que não surjam novas informações ou sejam inseridos no debate atores com novas demandas.

Davison (1958) foi um dos primeiros a tratar da formação da opinião pública no século XX do ponto de vista sociológico. Para ele, trata-se do resultado de um processo que é ao mesmo tempo psicológico e social. Individualmente, há uma predisposição para adotar determinadas posições e comportamentos e isso tem relação com a história de vida dos integrantes do público. Mas, essas predisposições são influenciadas e, às vezes, alteradas, de forma provisória ou permanente, pelo meio social em que o indivíduo se encontra. Por razões psicológicas, o público tende a moldar suas opiniões e comportamentos em concordância com a maioria que o cerca.

Opinião Pública não é apenas opinião individual expressa publicamente por um conjunto de indivíduos, ela tem como ponto de partida o consenso entre um grande número de pessoas. Mas, para além disso, a Opinião Pública exerce alguma força para direcionar comportamentos e decisões individuais que se refletem nas instituições políticas e sociais. A verbalização de uma posição entre indivíduos é o primeiro passo do processo. Essa opinião verbalizada é compartilhada e, por fim, acaba tendo efeitos sobre as instituições e regras que organizam o público. Davison (1958) já estabelece, como princípio conceitual, a ação intencional no processo de formação da Opinião Pública. Ela não é resultado da interação espontânea de integrantes do público. A manifestação, intensidade e direção das verbalizações têm um objetivo que é gerar determinada reação em outros integrantes do público. Essa reação tem como característica ser transitória, pois é influenciada por diferentes atores.

Existem alguns componentes pelos quais o processo de formação da Opinião Pública passa, necessariamente: a) ela começa com a "influência de grupos primários" como primeiro estágio para formação de uma agenda de temas a serem debatidos em públicos maiores; b) a transferência da opinião em grupos primários para públicos maiores apresenta diferentes níveis de sucesso e aqueles que conseguem maior visibilidade nesse processo são considerados os "líderes de opinião"; c) a "comunicação intergrupos" resulta da capacidade de transmitir conteúdos entre diferentes grupos e aqui aparece o papel dos meios de comunicação que atingem muitos públicos ao mesmo tempo, ainda que com isso apresentem uma redução na confiança dos conteúdos transmitidos; d) a consequência da transmissão de conteúdos entre grupos é o estímulo para apresentação de "opiniões pessoais" ao público, especialmente ao mais distante; e) quando um integrante do público expressa sua opinião sobre um tema, ele gera uma "expectativa em relação ao comportamento dos demais", pois a própria atitude depende de uma avalição sobre o que pensam e fazem outros integrantes do público; f) após verificar o comportamento e posição dos demais, o indivíduo "ajusta sua opinião e comportamento" e esse ajuste em geral é na direção da maioria, ao centro, ou, em temas polarizados, em direção a um dos polos que esteja mais próximo de suas posições prévias (Davison, 1958).

Aqui, público é definido como uma coleção de indivíduos que não precisam se conhecer pessoalmente, mas que se reconhecem em experiências coletivas comuns e reagem a essas experiências de tal forma que espera que os demais apresentem reações parecidas. Quando as reações dos outros não são as esperadas é possível que exista uma dissolução da opinião dos integrantes do público sobre determinado tema. Essa característica não pode ser negligenciada, pois é ela que explica o caráter transitório da Opinião Pública. Se a percepção do indivíduo é que os demais estão mudando de opinião, ele tende a acompanhar.

A Opinião Pública, para Perrin e McFarland (2011), é um fenômeno composto por três características principais: dinâmica, reativa e coletiva. Por ser dinâmico, o fenômeno não pode ser considerado como uma representação estática das opiniões, pois sempre está mudando. Essa mudança é explicada, em parte, pelo fato dela ser reativa. A reação do público a determinado tema está diretamente relacionada ao custo de expressar uma opinião. Se o custo for alto, é possível que a opinião individual tenha sido alterada, mas a mudança não é manifestada publicamente. Se o custo é baixo, a manifestação da nova opinião tende a ser facilitada. Uma das maneiras de se evitar a expressão de mudanças de opinião é a pressão coletiva, com sanção ou repreensão daqueles que podem expressar uma nova opinião. Nesses casos, o custo é tão alto que a mudança não aparece para o público. Ou seja, a expressão é o que importa para a definição de Opinião Pública. O que interessa aqui é a dimensão coletiva e não seu caráter individual.

No conceito de Opinião Pública, portanto, o termo "público" é tão importante quanto o termo "opinião". Público é entendido aqui como a dimensão onde aparecem opiniões sobre temas públicos que se relacionam entre si – é o espaço público. Mas público também é o grupo de indivíduos com representações próprias sobre temas de interesse comum – é o conjunto de pessoas que compõe o público. Opinião Pública é coletiva e dinâmica; envolve mudanças de visões sobre temas que estão presentes em um ambiente de discussão ou conversação coletiva, chamado de espaço público, que é composto por um variado conjunto de ambientes com diferentes níveis de acesso e capacidade de publicização. A relação entre opinião sobre temas e a publicização de posições sobre assuntos de interesse comum é a matriz do debate, segundo Perrin e McFarland (2011). O público como coletivo de indivíduos é heterogêneo e apresenta diferentes capacidades de integrar espaços mais abertos ou mais fechados onde as opiniões são apresentadas.

Importante aqui é entender que Opinião Pública não é o simples resultado de processamentos individuais agregados coletivamente em espaços públicos acessíveis, que seria o tipo ideal da opinião pública. No entanto, em termos práticos, há uma série de constrangimentos que interferem no resultado final. Primeiro, existem diferentes condições e constrangimentos individuais, de recursos, tempo e interesse nas pessoas para formular e reformular opinião sobre determinado tema. Em segundo lugar, e principalmente para o século XXI, há diferentes limitações para acesso aos ambientes públicos de fato – e não aqueles que replicam valores e crenças da esfera privada publicamente –, onde se dão as discussões. A conformação final da Opinião Pública é influenciada pelos constrangimentos de entrada em espaços públicos ou semipúblicos, mas também pela capacidade de circulação de novos conteúdos sobre temas antigos e enquadramentos majoritários dos assuntos nesses espaços.

A digitalização do espaço de debate público – pelo menos em parte esse debate agora acontece em ambientes digitais – tem forte impacto sobre a Opinião Pública reformulada a respeito de temas públicos. Ainda que as barreiras culturais e econômicas sejam muito baixas para a entrada dos integrantes do público nesses espaços, o mesmo não acontece com a capacidade de difusão de conteúdos e pontos de vista. Há pelo menos duas novas barreiras para a formação da Opinião Pública em ambientes digitais. Por um lado, é quase impossível diferenciar o que são temas públicos e temas do âmbito privado nesses espaços. Isso faz com que parte da atenção ou do debate seja destinado a assuntos de caráter privado, ainda que sobre personalidades e eventos públicos. Por outro lado, no ecossistema de comunicação digital do século XXI[4], determinados agentes com recursos técnicos e financeiros conseguem fazer circular seus temas de forma mais ampla e intensa do que o usuário comum. Isso faz com que alguns integrantes do público consigam promover seus temas e enquadramentos de forma mais efetiva nos espaços digitais do que

---

[4] Para uma definição de ecossistemas digitais, ver: Li, Badr e Biennier, 2012. Para o conceito de ecossistema digital aplicado à comunicação, ver: Renó *et al.*, 2014.

a maioria. Trata-se dos novos líderes de opinião, que possuem maior capacidade de penetração no debate em relação aos líderes clássicos do século XX. Se a opinião está relacionada ao tipo de debate e à publicização dos temas e se os espaços privilegiados para a discussão de temas públicos apresentam os constrangimentos que estão presentes em ambientes digitais, o resultado final, a Opinião Pública, sofrerá as consequências desses constrangimentos.

Se, por um lado, é impossível desconsiderar o papel dos espaços digitais na conformação da Opinião Pública, por serem os espaços onde também há discussão de temas públicos, por outro, não se pode defender que os ambientes digitais são espaços que contém, exclusivamente, a expressão pública das opiniões. O público usa conteúdos de dentro e de fora dos ambientes digitais e, além disso, diferentes grupamentos de indivíduos têm condições distintas de acessar, participar e expressar suas opiniões nesses ambientes.

A reatividade, um dos componentes da Opinião Pública segundo Perrin e McFarland (2011), também é bastante impactada no ecossistema de comunicação digital. Uma parte do público pode se identificar como pouco informada para ter opinião sobre determinado assunto. Essa parte está mais sujeita ao fornecimento de conteúdo disponível em ambientes digitais para se transferir do grupo dos pouco informados ao coletivo dos que têm informação suficiente a fim de formar uma opinião. Assim, o fornecimento de conteúdos com determinado enquadramento por fontes com capacidade técnica e financeira para dar visibilidade a suas posições ganha importância no processo de formação da Opinião Pública. Isso é diferente de considerar a Opinião Pública como manipulada e artificial, uma vez que opinar exige uma ação ativa e nem sempre simples. Quanto mais difícil for buscar um conteúdo para formular uma opinião, maior o custo para a reação. Quanto mais visíveis e fáceis de serem encontrados determinados conteúdos no entorno social mais próximo, menor o custo para a reação na forma de opinião expressa. O ecossistema de comunicação digital tem a capacidade de aproximar os distantes fisicamente.

Se a reatividade, que é a expressão da opinião em público, apresenta diferentes custos, outra característica é que as opiniões são dinâmicas. Ainda que parte do público apresente uma maior estabilidade em suas posições sobre determinado tema, a oferta de conteúdos e acesso a espaços de discussão pública sempre permitirá a reformulação de uma posição anterior sobre o tema, dando o caráter dinâmico da Opinião Pública. Em outros termos, reconhecer que a Opinião Pública é resultado de um processo de discussão desigual, em diferentes ambientes e não é estática, não equivale a dizer que a Opinião Pública não existe e sim que ela é dinâmica e nem sempre apreendida pelos instrumentos de pesquisa de opinião. Os membros do público, que têm algum acesso às discussões sobre determinado tema em múltiplos espaços, são confrontados permanentemente com resultados de pesquisas de Opinião Pública e, ao identificarem as distribuições de opiniões, podem usar esses instrumentos de medição para alterar a opinião anterior. Uma forma perniciosa de estabilidade da opinião é a substituição do uso de informações públicas novas por crenças individuais arraigadas como justificativa para as opiniões expressadas publicamente.

No processo de formação da Opinião Pública, o fluxo de informações e opiniões que alimentam o debate se dá em dois sentidos. Quando é formado de baixo para cima, com o público de forma autônoma apresentando interesse em determinado tema, é chamada de "autodireção". Quando é formada de cima para baixo, com membros da elite social ou política, ou a partir de interesses de instituições que apresentam temas para debate do público, é chamada de "heterodireção" (GROSSI, 2007). No segundo caso há uma disputa entre grupos de interesse para a apresentação de temas ao debate público ou para bloqueio daqueles que são relevantes para outros grupos. Quando é por autodireção, a Opinião Pública representa maior soberania e autonomia do público no debate. Em qualquer um dos casos, o processo de formação e a própria Opinião Pública são ingredientes indissociáveis das democracias representativas contemporâneas.

Desde o século XX já se sabe que em sociedades complexas não é possível pensar no debate público em espaços físicos com participações e conversações face a face. O que temos é uma Opinião Pública midiatizada desde o século passado. Começou com a midiatização impressa, por meio de colunas em jornais, que era limitada pela barreira cultural e econômica, passou para a midiatização eletrônica, com ampliação do contingente de participantes do público pela difusão de conteúdos em rádios e televisões, e chegamos à midiatização digital, onde primeiro a internet e agora o ecossistema comunicacional digital tem dado os contornos para o debate público no século XXI.

Muitos autores se debruçaram sobre o tema na tentativa de limitá-lo conceitualmente. Entre eles, um dos precursores foi Walter Lippmann (2008), que é o primeiro a apresentar a Opinião Pública como resultante de um processo cognitivo, porém, não necessariamente racional, pois o conhecimento que o indivíduo tem para expressar uma opinião sempre é parcial, dirigido e pode ser enviesado por estereótipos. Habermas (1981), entre outras contribuições, apresenta um modelo com duas variantes para qualificar a Opinião Pública. Ela pode ser o resultado de debate entre pessoas livres e racionais onde são apresentados interesses legítimos, chamado de "autodireção" por Grossi (2007), ou, pode ser o resultado de um processo de demonstração publicitária e manipulativa, a "heterodireção" de Grossi (2007).

Uma abordagem distinta é a de Luhmann (2000), que inverte a posição da Opinião Pública nas democracias. Se para a maioria dos autores a Opinião Pública livre e desimpedida é uma variável explicativa para a existência de sociedades democráticas, Luhmann (2000) considera a Opinião Pública como consequência dos sistemas e instituições democráticas. Segundo ele, as instituições democráticas e a qualidade do funcionamento delas explicariam a maior ou menor autonomia dos integrantes do público para o debate sobre temas públicos que, por fim, influenciariam as instituições. Seguindo o mesmo argumento para a explicação das crises nas democracias representativas do século XXI, elas estariam nas distorções das instituições políticas e na origem dos transtornos identificados no debate público atual.

Noelle-Neumann (1974) dá atenção especial aos integrantes do público ao propor como elemento central ao conceito de Opinião Pública o desejo de integrar um grupo. Para ela, o indivíduo opina para evitar o isolamento social e não para participar ativamente da tomada de decisões públicas. É a partir desse princípio que ela apresenta as bases para as teorias da espiral do silêncio, de clima de opinião e opinião dual. Crespi (1997) preocupa-se com a dimensão processual da formação das opiniões. Ele considera o processo multidimensional, envolvendo indivíduo, grupos sociais e instituições. Segundo o autor, há pelo menos três tipos de trocas no processo de formação da opinião pública: a) trocas entre indivíduos e ambiente mais imediato – que exige presença física, os chamados grupos primários; b) trocas entre indivíduos e grupos sociais mais amplos; e c) trocas que agregadas legitimam determinada força social emergente, favorecida pela opinião predominante e com capacidade para alterar o funcionamento de instituições societais e estatais.

Para atualizar o conceito às condições emergentes do século XXI é preciso incluir novos elementos no processo de formação. Em primeiro lugar, hoje as trocas entre integrantes do público são cada vez mais entre desconhecidos do que dentro de grupos primários. Há uma tendência de fuga de debate públicos em grupos primários para evitar o isolamento em função da radicalização de posições. Além disso, o processo de formação das opiniões perde liberdade quando as conversações acontecem principalmente em um ecossistema de comunicação digital controlado por um número reduzido de agentes públicos e privados com expertise técnica e capacidade econômica. Por fim, há uma mudança significativa no que diz respeito à participação das instituições Estatais. Se antes elas eram legitimadas como guardiãs da sociedade e fundamentais para o debate, hoje elas são objeto de questionamento dos integrantes do público e precisam participar das discussões para se defender de ataques cada vez mais comuns por um comportamento de monitoramento das ações das instituições – esses ataques são identificados como ameaças às instituições democráticas. Em resumo, no século XXI, a Opinião Pública é pública em dois sentidos, primeiro por tratar de tema de interesse público, segundo por envolver indivíduos e instituições que integram o espaço público universalizado; e é opinião ao mesmo tempo livre e constrangida. É livre porque pela primeira vez, no século XXI, barreiras culturais e econômicas foram derrubadas pelo ecossistema de comunicação digital, permitindo que qualquer um com interesse tenha acesso aos debates e possa apresentar suas opiniões. É constrangida porque o mesmo ecossistema de comunicação digital controla, direciona, dá visibilidade ou esconde opiniões.

1.2. Democracia e opinião pública

Aqui, nos aproximamos da abordagem que Markoff (1999) faz da democracia representativa, para quem o modelo atual é resultado das disputas de poder entre forças populares e instituições do antigo regime, notadamente a família e a igreja, iniciadas há cerca de trezentos anos, apenas. O autor lembra que os primeiros democratas do século XVIII não sabiam o que era democracia, mas queriam que o povo tivesse voz e participasse das decisões do Estado, em contraposição a modelos nos quais apenas nobres tinham esse direito. De acordo com ele, a democracia representativa moderna não tem relação com aquele modelo antigo, das cidades-estado gregas, onde apenas homens, nobres e bem localizados geograficamente participavam. Agora, ao contrário, nos últimos trezentos anos, o que se busca é a universalização da participação e para o funcionamento adequado da democracia universal representativa são necessárias algumas condições prévias. Markoff (1999) destaca a erradicação do analfabetismo, o crescimento da renda média e a inclusão social e econômica como pré-condições indispensáveis para o estabelecimento pleno das democracias modernas. Sem isso, o projeto democrático universalista não consegue se concretizar, pois a passagem da esfera privada para a pública é deficiente. A Opinião Pública, em democracias modernas, é tributária da igualdade de condições sociais, educacionais e econômicas para formulação de posições e participação no debate sobre temas de interesse comum.

As relações entre a esfera política e a esfera pública se sedimentam na transição do século XIX para o século XX nas sociedades ocidentais, quando o que é do público ganha autonomia do que é estatal e a esfera pública passa a, de maneira organizada e com sucesso, influenciar as decisões da elite política dentro do Estado. Agora, no início do século XXI, a democracia vem passando por uma crise de representação que colide com o intenso desenvolvimento de ferramentas e procedimentos para participação e expressão da opinião, muito além das capacidades do fim do século XIX[5]. Essas transformações têm consequências tão grandes na esfera política quanto para a própria esfera pública. Se entendermos democracia representativa no sentido minimalista como aquele regime em que os direitos políticos são respeitados, há eleições livres, periódicas e que produzem consequências, ela define-se principalmente pela forma e não pelo conteúdo. O conteúdo é consequência da quantidade e da qualidade do debate público nas democracias representativas.

Daí deriva a necessidade de diferenciação entre crise das instituições democráticas e crise da participação democrática. Para Pasquino (1974) é preciso distinguir crise da democracia de crise dentro da democracia. Uma crise do regime democrático, da democracia, ocorre quando as suas estruturas entram em estresse e deixam de ser funcionais. Já as crises dentro da democracia ocorrem independentemente das estruturas do regime. São geradas como consequências daquilo que os atores políticos – representantes e representados – fazem. As recentes crises dentro das democracias tendem a estar ligadas a

[5] Uma das primeiras obras, no Brasil, a tratar do tema da Opinião Pública sob o ponto de vista sociológico é a coletânea com traduções de artigos dos principais autores ligados à corrente sociológica norte-americana sobre o assunto, organizada por Cohn (1971).

questões relativas ao debate público, ao conteúdo que sustenta os regimes democráticos. As crises das estruturas democráticas nunca chegam antes das crises no debate público.

Os déficits democráticos não são explicados apenas pelas estruturas e normas de funcionamento do regime, eles também são encontrados na forma como os cidadãos se comportam, participando do debate público de maneira pouco democrática – por exemplo. Nem sempre reformas institucionais são as mais indicadas como solução para a crise democrática. A maneira como se conforma a opinião pública dentro da democracia também é um indicador da saúde do regime, sendo que nem todos os condicionantes do debate estão relacionados às instituições do Estado como, por exemplo, pode-se perceber no ecossistema de comunicação digital. A descrição dos processos de formação da opinião pública é tão útil para explicar se há ou não uma crise dentro da democracia quanto a análise do funcionamento das instituições estatais. Na verdade, são explicações complementares e indissociáveis.

A opinião pública é formada no debate sobre temas públicos entre cidadãos com interesses comuns. Habermas (2003) define espaço público como uma dimensão da vida social na qual se pode construir algo que vai além da soma dos indivíduos, a própria Opinião Pública. Para ser considerado espaço público de fato, ele deve estar aberto, potencialmente, a todos os cidadãos com interesse e meios para participar. Assim, Opinião Pública é definida por ele como um fenômeno comunicativo e psicossocial que depende do contexto histórico e sociocultural que conforma o espaço público das sociedades.

Quando se analisa o impacto da opinião pública sobre a organização política, além da diferença entre crise da democracia e crise dentro da democracia é preciso distinguir crise de participação da crise de representação. Participação ocorre quando se está presente, toma parte ou encontra-se inserido em uma atividade qualquer. Ainda que não exista uma participação ativa, há outras formas de participar apenas fazendo parte. Nesse sentido, fazer parte do público é participar do público. Existem pessoas que não se contentam em apenas fazer parte, elas optam por participar ativamente. Querem influenciar os processos, exercer algum poder e tentar alterar a direção dos debates. Para participar ativamente do público é preciso destinar algum tempo e energia no debate com outras pessoas. Há os que preferem destinar suas energias e tempo a outras coisas que não ao debate. São as pessoas que não têm interesse pelos temas públicos ou pela política, ainda assim elas fazem parte do público e têm direito de, a qualquer momento, se tornarem ativas no debate, pois elas possuem meios, que são as condições para participação. Meios e interesse são dois fatores distintos. Eles são causas necessárias, porém, isoladamente, insuficientes para a participação. Por exemplo, em sistemas políticos com voto obrigatório há um reforço do meio de participação, mas não necessariamente do interesse. As pessoas podem apenas votar, sem se preocupar com a discussão pública para formação de opinião própria e definição de critérios para escolha do candidato. Em resumo, sem participação passiva ou ativa não há público. Só com participação passiva não há debate. Com muita participação ativa, o debate pode ultrapassar o limite da compreensão e das trocas necessárias, pois o volume daqueles que querem exercer influência sobre os demais fica acima dos que aceitam o poder exercido pelos outros – os líderes. O equilíbrio entre participantes passivos e ativos no debate com a capacidade de representação das demandas do público na esfera política é o que garante a boa saúde dos regimes democráticos.

A discussão sobre a qualidade do debate público está diretamente relacionada à discussão sobre a qualidade da democracia e as duas convergem para o tema "participação". No caso da democracia representativa, é possível identificar três modelos: a democracia como governo do povo, desde o povo e para o povo (PASQUINO, 1974). O governo do povo é aquele em que o cidadão comum toma decisões autônomas e significativas com consequências imediatas no sistema, por exemplo, via *referendum*. Governo desde o povo é aquele que se produz, via eleições, pela escolha de representantes a partir das opções ofertadas pela sociedade – aqui o cidadão comum não exerce poder direto. Governo para o povo é aquele que produz bens comuns antecipados, gerando uma sensação de bem-estar social como resultado das estruturas democráticas e não como consequência de ações diretas ou via representantes. Em todos os três casos a capacidade da democracia em produzir resultados depende tanto da qualidade quanto da quantidade de debate público, que será responsável em última instância pela produção da opinião resultante de um processo mais ou menos democrático.

Os modelos de democracia citados acima não dependem apenas do arranjo institucional, mas sim da forma como representantes e representados entendem seus papeis e funções dentro do regime. Quanto maior e melhor a participação do público nas discussões de temas políticos, mais influência a sociedade terá sobre os tomadores de decisão e maiores as chances de melhorar os resultados dos processos democráticos em sociedade – desde que os representantes tenham competência para identificar demandas e transformá-las em respostas na forma de políticas públicas. Quanto mais limitada ao voto for a participação efetiva do cidadão, menor será o controle sobre os processos de tomada de decisão e de avaliação de resultados nas democracias. Reforçando, votar e participar do debate público são condições necessárias, mas que isoladas são insuficientes[6]. A importância de não confundir participação com representação é que nas democracias contemporâneas, em sociedades complexas e heterogêneas, é possível encontrar sistemas com pouca participação ativa, porém, que se mostram funcionais para garantir a sobrevivência das instituições políticas com baixa capacidade de representação.

---

6 Aqui vale uma distinção entre participação e deliberação em termos de tipologia de sistemas democráticos. Parte-se do princípio de que deliberação é uma ferramenta, ou seja, uma forma de participação dentro do sistema democrático e não um tipo específico de democracia. Em outras palavras, neste capítulo, democracia deliberativa deve ser entendida como um instrumento da democracia que pode ser ou não utilizado dependendo do contexto e das possibilidades técnicas para seu uso. Existem sistemas democráticos onde o uso desse instrumento é viável e desejado. Em outros, dadas as condições contextuais, ele pode ser desejado, mas é inviável ou o contrário: é viável, mas não desejado.

Ainda que se apliquem mecanismos de democracia direta que podem ser usados em determinados momentos, as democracias representativas são indispensáveis com a universalização da cidadania política.

Mesmo que seja possível participar do debate público de forma direta, na maioria das vezes as intervenções se dão via representação de opiniões majoritárias materializadas nos conteúdos transmitidos pelos meios de comunicação ou, até mesmo, por instituições de representação política, profissional ou religiosa. As instituições que participam e organizam o debate público difundindo conteúdos e opiniões são as mesmas que representam as posições individuais dos cidadãos na representação da opinião pública junto à esfera Estatal. Porém, assim como os representantes políticos não são capazes de representar a totalidade dos interesses dos cidadãos, o mesmo acontece com o debate público, que sempre gerará um déficit de representação das opiniões minoritárias no Estado.

Os atores políticos com mais recursos de representação de suas opiniões conseguem entrar e manter presença em espaços privilegiados de difusão de ideias. Assim como também podem bloquear a passagem de posições minoritárias a esses espaços. Nem todas as opiniões presentes no público conseguem visibilidade. Por isso, não se deve confundir opiniões publicadas pelas instituições envolvidas no debate com a opinião majoritária dos cidadãos que participam ativa ou passivamente do debate esperando ser representados pelo menos em parte por algumas dessas instituições. Opinião Pública é diferente de opiniões publicadas[7]. Meios de comunicação

[7] A ideia de Opinião Publicada está relacionada ao conceito de *primming*, que é definido pelos temas mais destacados na memória saliente das pessoas, sob influência das seleções e escolhas por maior visibilidade a determinados assuntos (Iyengar e Kinder, 1987). Além disso, a Opinião Publicada é, também, resultado da distribuição de poder social, que permite a alguns agentes públicos e líderes reforçarem suas posições sobre determinados temas públicos em espaço de destaque nos meios de comunicação. Isso em detrimento de posições contrárias às publicadas e que não conseguem a mesma visibilidade.

e instituições representativas são espaços típicos de manifestação da opinião publicada, não necessariamente a pública. Pelo uso de recursos concentrados nas mãos de alguns agentes públicos, muitas vezes opiniões minoritárias conseguem ter grande visibilidade no debate justamente por terem grande presença naquelas instituições e não por representarem a opinião majoritária do público.

Representação política implica algum tipo de relação entre quem representa e quem, ou o que, é representado. Nesse sentido, a representação é sempre em relação a algo, que pode ser preferências, interesses ou ideologia. Nas democracias contemporâneas predomina representação de interesses e preferências tanto no sistema político quanto nas esferas de debate público. Uma crise de representatividade política ocorre quando os representados concluem que os representantes não conhecem interesses e preferências da maioria e, por isso, o sistema produz resultados disfuncionais. A crise de representatividade no debate público acontece de forma similar, quando os participantes do debate identificam, nas opiniões predominantes e nos enquadramentos majoritários dos temas, conteúdos que não estão próximos ou em acordo com seus interesses e preferências individuais. Nos dois casos, tanto na política quanto no debate público, a crise de representação leva a movimentos de rápidas mudanças no sentido da base para a cúpula. É quanto temos uma crise dentro da democracia.

Representar participantes do debate público é tomar decisões com responsividade, o que na arena política recebe o nome de *accountability,* pois vai além da simples responsabilidade, trata-se de responsabilização pelas decisões. A capacidade de se manter como representante de determinados interesses e demandas no futuro depende da avaliação que os representados fizerem no debate atual. A diferença entre responsabilidade simples e responsabilização é que além de representar preferências de demandas, os representantes são responsabilizados por elas. Na arena política, essa responsabilização é materializada pela manutenção no poder via reeleição dos representantes atuais, por exemplo. No debate público, a responsabilização se dá pela manutenção ou perda de audiência dos líderes ou redução da importância de instituições e valores representativos da sociedade.

Organizações constituintes do debate público devem ser tão ambiciosas quanto os políticos que pretendem manter suas carreiras. Sem ambição dos envolvidos não haveria *accountability*, nem na política, nem no debate público. Crise de representação continuada, ou seja, déficit de *accountability,* leva a uma redução da qualidade do debate público e, no limite, da própria democracia. Quando a democracia entra em crise, uma das soluções apresentadas é mais democracia, com ampliação das práticas democráticas nas esferas políticas estritas para outras esferas, como empresas, burocracia estatal, sindicatos, escolas, universidades (PASQUINO, 1974). Ou seja, levar democracia para onde puder. Por outro lado, também é possível pensar que quanto mais democracia em períodos de crise, mais se pode aumentar a crise ao invés de melhorar o sistema. O que se busca como solução é "melhor" democracia e "melhor" debate ao invés de "mais" democracia e "mais" debate. Melhorar a qualidade implica em aumentar responsabilidades dos representantes, além de aplicar mecanismos de controle e garantir formas de substituição dos representantes que não responderam aos interesses e demandas dos representados, seja no sistema político, seja no debate público.

A funcionalidade do espaço para debate público não é medida apenas pelas estruturas e instituições representativas que participam ativamente dele. Elas são necessárias, porém não suficientes (PASQUINO, 1974). Debate público é mais do que isso, ele depende da existência de cidadãos interessados em uma participação ativa, com um nível mínimo de informações sobre temas públicos e de uma participação que contribua para a produção de preferências e interesses claros para que sejam levados em conta pelos representantes na hora da tomada de decisões. Debate universal, com muitos participantes que não reconhecem o limite que separa a crença privada da informação pública, cada vez mais fixos em suas posições originais, não é sinal de debate público de fato.

Assim como a democracia, o debate público é um velho conhecido das sociedades políticas. O que mudou no último século foi a forma como ele se organiza nos meios de comunicação, primeiramente entre os impressos, no último meio século com centralidade dos meios eletrônicos de comunicação e, mais recentemente, nos ambientes digitais. O debate público centrado em meios de comunicação muda a dinâmica do processo, alterando a velocidade da entrada e saída de temas, as características dos debatedores legítimos e, por consequência, o resultado do debate: a Opinião Pública.

As transformações não são apenas tecnológicas, mas também psicossociais. Essas mudanças foram definidas no final do século XX, por Sartori (2001), como "videopolítica". Meios de comunicação eletrônicos, marcadamente a televisão, eram novos atores e espaços de discussão sobre temas de interesse coletivo, com centralidade a partir da década de 1950 no debate público de sociedades democráticas com liberdade de expressão. Além disso, o modelo de televisão generalista, com financiamento privado, que predominou no século XX, foi o primeiro a dificultar a diferenciação entre interesses de mercado e interesses do público. Ele apresenta rápido desenvolvimento e nem sempre tem seu papel compreendido na formação da opinião pública[8]. Com a complexificação, massificação e diversificação das sociedades contemporâneas, é impossível pensar um sistema democrático sem liberdades e condições para funcionamento dos meios de comunicação. Geraria um público que debateria praticamente às escuras. Os meios de comunicação entram no processo de informação e ajudam a conformar a opinião pública. Em especial no início do século XXI, quando as novas formas de tecnologias de comunicação digital passam

[8] Sartori lembra que o termo "meios" é uma forma abreviada para se referir a meios massivos de comunicação, como jornais, televisão, rádio e internet. A principal diferenciação que ele faz está em separar o que chama de "meios de palavra", os jornais, outros impressos e rádio, dos "meios de imagens", principalmente a televisão. A internet pode ser entendida como uma síntese por conter tanto palavras quanto imagens e por gerar os estímulos presentes em cada uma das categorias anteriores.

a ser usadas como espaço para difusão de conteúdos de interesse público, ainda que, de acordo com Sartori (2001), a televisão continue sendo o meio mais relevante neste processo, mais importante que a internet, inclusive.

A principal consequência da centralidade dos meios eletrônicos no debate público – sejam os tradicionais ou os digitais – é que eles criam uma cultura visual, baseada em imagens e não fundamentada em ideias (palavras). Isso gera impactos significativos no resultado do debate. O primeiro é que só se pode formar opinião sobre aquilo que se produzem imagens, ou seja, do concreto, do que é sensível aos sentidos, como a visão e audição. Antes da "vídeopolítica", a formação das opiniões se dava no mundo das ideias, da cultura da palavra e, principalmente, da abstração. Nesse sentido, é importante entender que não há exclusividade ou exclusão entre os processos fundamentados nas imagens e os das palavras. Os conceitos são complementados por imagens ao mesmo tempo em que é impossível conceber uma imagem isolada de um conceito. A diferença está na centralidade, daquilo que é usado como ponto de partida para o debate – ideias ou imagens.

A princípio, em termos normativos, a relação entre conceitos e imagens deveria ser um jogo de soma positiva, onde todos ganham. Porém, na prática, é um jogo de soma negativa, pois o visual e as imagens ocupam o espaço da cognição por um processo de visualização contínuo e interminável (SARTORI, 2001). A questão não é o predomínio da imagem em si, mas o excesso de informações por imagens da "videopolítica" que reduz a cognição nos debates públicos e, por consequência, transforma o resultado final em uma opinião fundamentada no visível e no aparente, não nas ideias e conceitos mais substantivos. As imagens se sobrepõem aos conceitos no debate público não apenas porque com os meios eletrônicos elas são abundantes, mas porque para formar opinião individual a partir de imagens é mais fácil do que por conceitos abstratos.

O predomínio das imagens na formação da opinião pública não é uma mudança banal, pois existem conceitos importantes e para os quais não há imagem relacionada, tais como "opinião", "oportunidade", "igualdade", "justiça", "consenso" ou "legalidade". Sartori (2001) lembra que a diferença entre os seres humanos e os demais animais é a capacidade de abstração dos primeiros. Sem isso nos aproximamos da irracionalidade, em especial se considerarmos a importância de muitas construções mentais de difícil materialização apenas com imagens no debate público. Outro autor que critica o papel da televisão para organização da sociedade no século XX é Wolton (1990). Segundo ele, tanto o modelo generalista quanto o fragmentado do meio eletrônico impactam negativamente nos laços sociais e reduzem a qualidade do debate sobre temas públicos.

Quando há supressão dos conceitos pelas imagens dá-se a substituição do *homo sapiens* (identificado pela capacidade de abstração) pelo *homo videns* (identificado pela tomada de decisão por imagens). Neste ponto, Sartori (2001) é determinista ao considerar a atrofia da abstração como um subproduto inevitável da sociedade imersa nos meios eletrônicos, pois na televisão as palavras não passam de adornos com a função de complementar a imagem. O mesmo se aplica em grande medida aos meios digitais, mais notadamente às redes sociais *online*, em relação aos participantes no debate público. O importante é que para o "*homo videns*" o visível (imagem) condiciona o invisível (conceito), enquanto que no "*homo sapiens*" é o contrário. Por se tratar de um processo contínuo, o acervo mental abstrato do "*homo videns*" é cada vez menor e as diferenças podem ser percebidas nas mudanças geracionais, sempre em desfavor das ideias abstratas e em favor das imagens e da representação visual nas novas gerações. De maneira distinta, mas apontando para o mesmo fenômeno, Maffesoli (1990) afirma que a argamassa da sociedade contemporânea surge quando se compartilham sentimentos. Para ele, não necessariamente a racionalidade ligada a conceitos abstratos é o que fundamenta as relações e as trocas sociais, inclusive para formação e mudança de opiniões sobre temas públicos.

Quando se nasce inserido no ambiente do "*homo videns*", as relações sociais, a escola e tudo o que se aprende está baseado predominantemente em imagens. Assim que as crianças dessa primeira geração crescem, elas administram as instituições sociais como "*homo videns*" e não como "*homo sapiens*". Um exemplo é a aceitação sem qualquer debate de que escolas modernas são aquelas que têm aparelhos de televisão em todas as salas de aula e um espaço exclusivo destinado a microcomputadores pessoais, chamado de laboratório de informática. Apenas uma administração por "*homo videns*" tomaria como princípio a necessidade de dispositivos que produzem conteúdos visuais nas escolas sem uma discussão conceitual das consequências disso para as próximas gerações (SARTORI, 2001). Mas, qual o impacto dessa forma de organização social para o debate público? Um debate consequente não precisa de um público totalmente especializado em temas de interesse comum, mas que os participantes estejam suficientemente informados para opinar, ou seja, que tenham alguma ideia geral do que está acontecendo ao seu redor, não apenas por imagens, mas também por abstrações conceituais. Segundo Sartori (2001) é impossível identificar quanto de informação é necessária para a participação no debate público de maneira consequente, ele prefere discutir quanto a informação é importante.

O ponto de partida é que, para o debate público, informação sempre será oposta a vazio de informação. Porém, nem tudo o que circula nos espaços públicos é informação. Uma parte considerável (e crescente com a entrada das redes sociais *online* nos processos) é ruído, imagem só pela imagem ou ausência de informação sobre assunto público[9]. Para contribuir efetivamente ao debate público, o

[9] Aqui é possível identificar uma crítica que Sartori (2001) faz aos autores otimistas em relação às mudanças geradas pela internet e, mais recentemente, pelas redes sociais *online*. Segundo o autor, ao considerar que a ampliação do potencial de transmissão e recepção de conteúdos equivale ao efetivo aumento das informações públicas os autores equivalem qualquer ruído a uma informação. Por exemplo, a foto de um famoso apresentador de televisão em suas férias de fim de ano em uma praia tem grandes chances de circular intensa e rapidamente nas redes sociais *online*, gerando manifestações e interações do público. Porém, para o debate público isso não passa de ruído por não se tratar de tema de interesse geral.

conteúdo deve informar sobre algo, ou seja, ser de interesse comum e estar sujeito a monitoramento pelo próprio público. Fora disso é ruído gerado por imagem irrelevante para o debate. Em trabalhos empíricos recentes, realizados especificamente sobre os efeitos das redes sociais *online* no debate público, diferentes autores concluem que, nesses espaços, os discursos políticos e os debates perdem seu caráter argumentativo tradicional (SARLO, 2011; QUÉS, 2012; GRAHAM *et al.*, 2013). A racionalidade típica do debate argumentativo abstrato transforma-se em manifestações quase automáticas estimuladas por imagens que geram posições emocionais favoráveis ou contrárias. Em contextos sociais de radicalização, o impacto da forma de distribuição de conteúdo nas redes sociais digitais contribui para o crescimento das posições públicas mais exacerbadas. Isso porque a circulação de ruídos, imagens, conteúdos de caráter pessoal ou íntimo, e a velocidade das mensagens geram mais frustração e medo no público do que desejo de participar do debate para contribuir. A pseudo-argumentação baseada em imagens produz comportamentos egocentrados. Torna-se comum transformar assuntos públicos sérios em piadas inconsequentes, que em ambientes digitais ganha o nome de "meme".

Alguém está suficientemente informado quando demonstra possuir algum conhecimento autônomo, ainda que básico, sobre os temas públicos que são debatidos. As pesquisas de opinião pública fornecem evidências sobre isso, mas não podem ser confundidas com o próprio conhecimento sobre o assunto. De qualquer maneira, se considerarmos que a informação é base para a opinião pública e que nas sociedades contemporâneas a maior parte das informações é recebida pelos meios eletrônicos do "*homo videns*", a pergunta que se depreende de Sartori (2001) é: como os meios informam o público? A resposta que ele mesmo dá é que informam muito bem sobre os homicídios cometidos na cidade, sobre as crianças desaparecidas, as inundações nos arredores ou qualquer outro tema local, com vasta gama de imagens disponíveis; porém, têm muita dificuldade para encontrar imagens que permitam a difusão de informações sobre assuntos públicos mais gerais. Temas públicos não são tão concretos quanto os paroquiais, o que favorece um tipo de apresentação no espaço público que segue o modelo de "mocinho X bandido", mais fácil de concretizar-se a partir de estereótipos transformados em *frames* visuais pela televisão, cinema e, recentemente, redes sociais *online*.

Em resumo, a sociedade informada pela televisão é mais paroquial porque isso é o melhor que os meios eletrônicos sabem fazer. A consequência é que a televisão e os demais meios eletrônicos e digitais oferecem uma subinformação para o debate público, insuficiente à tomada de posição e que pode levar a um enganoso comportamento de sustentação orgulhosa em público de desinformação quase absoluta. Isso acontece quando o entretenimento televisivo, e agora digital, ocupa o espaço da informação publicamente relevante, levando o público a uma situação de "*homo ludens*", ou seja, que se satisfaz com a diversão oferecida pelos meios e a informação apreendida não oferece condições mínimas para participação consequente no debate público, ainda que em grandes quantidades de emissões imagéticas e interações *online* ou *offline*.

Se por um lado o "*homo videns*" é levado a buscar imagens para formar suas posições públicas, a informação política transmitida pela televisão pode ser útil quando encontra um público já com alguma massa crítica a respeito do tema. Se o público tiver preparação prévia, o fluxo de imagens torna-se inteligível no processo de formação da opinião, facilita e acelera o debate público, deixando-o menos suscetível aos estímulos afetivos imediatos gerados pelo impacto das imagens. Sartori (2001) lembra que este é o mesmo processo para a prática de qualquer esporte ou apreciação de determinados tipos de música. Se não possui algum conhecimento prévio, seja na prática do esporte ou na interpretação das notas musicais, o rendimento é baixo. Assim, o "*homo videns*" em si não pode ser considerado a causa principal da queda na qualidade do debate público ou de mudanças na estrutura de formação da opinião. O problema começa quando toda informação sobre política ou qualquer tema público tem como principal, ou quase exclusiva, fonte os meios eletrônicos (hoje Sartori provavelmente diria: as redes sociais *online*), pois nesse caso vão predominar as imagens sobre os conceitos, que podem nem estar presentes.

As condições atuais para a representação política descritas até aqui fazem com que os participantes do debate público se sintam cada vez mais física e temporalmente em seus ambientes privados. A busca pela atualização do presente faz com que se desconsidere tanto o passado quanto o futuro, pois o que importa é o atual. O "hiper individualismo privado" (MORIN, 2009) faz com que os integrantes do debate público se tornem cada vez mais autônomos no tempo e no espaço. Além disso, contribui para o enfraquecimento de corpos intermediários que ajudam a estruturar as relações sociais, como família, classe social e até mesmo instituições Estatais. Há o predomínio de um aglomerado de indivíduos exigindo o direito a se manifestar sobre o presente, na forma de massa, e não de público que se apresenta para expor suas opiniões durante o debate do presente, a partir do passado e olhando para o futuro coletivo. É daí que surge e cresce a aversão ao diferente e a defesa de sociedades mais homogêneas. Na prática, esse fenômeno é corporificado em comportamentos xenófobos, aporofóbicos e homofóbicos em ambientes públicos do século XXI.

Uma permanente incitação à mudança, resultado da busca pelo presente atual e do consumo em excesso, tira responsabilidade dos participantes no debate com as consequências de suas posições, manifestações e, até mesmo, opiniões. Esse movimento leva a uma regressão à infância, onde é a vida imediata a única que importa, e vale tanto para os representados quanto para os representantes políticos. O debate público passa a sofrer as consequências da juvenilização dos participantes, da opinião pública formada e, também, das mudanças do perfil da elite e na natureza das decisões políticas. Nos termos de Morin (2009), trata-se da primazia do atual sobre o permanente. Nos termos de Pasquino (1974), da imagem sobre o conteúdo. Nos termos de Sartori (2001), do "*homo videns*" sobre o "*homo sapiens*".

Quem só participa do debate pela televisão ou pelas redes digitais tem mais chances de não entender o que está sendo debatido porque recebe pouca informação, que equivale a nenhuma informação, quando comparado aos ruídos transmitidos. Por ficar preso a imagens públicas, busca relações com os conceitos de crenças já existentes em seu mundo privado. E se o público entende pouco da forma como se difundem conteúdos via televisão, ele acaba se afastando e decide participar apenas passivamente do debate público ou participar ativamente a partir de crenças e valores arraigados e não pelo debate público de fato. Ao competir com a televisão pela atenção do público, a internet, e mais recentemente as redes sociais *online*, potencializaram as dificuldades de informação sobre temas públicos devido ao grande volume de ruído imagético e quase-informação que circula nesses espaços. O impacto sobre o tipo de Opinião Pública que temos atualmente é imediato e, por consequência, também influi sobre os sistemas democráticos.

A democracia representativa universal está baseada na Opinião Pública, que é uma entidade abstrata que difunde a opinião majoritária do público. A Opinião Pública é, em grande medida, gerada dentro do espaço público. Quanto mais próximo da base do debate, dos representados, e não dos representantes, mais legitimada estará a Opinião Pública. No limite, opinião gestada apenas nas instituições que organizam e representam o público – não no próprio público – não pode ser definida como Opinião Pública, mas como publicada. A primeira é aquela espontaneamente criada no seio do público, em um processo de formulação autônoma e enraizada na sociedade. Existem muitas opiniões que se encontram no debate que não são originadas do público. São, por exemplo, casos em que os temas estão inseridos por pesquisas encomendadas pelos meios de comunicação ou grupos de interesse segmentado. Não há aqui nem mesmo a certeza de que o público estaria pensando naquele tema se não fosse estimulado por conteúdos produzidos para esse fim. Os resultados de posições majoritárias da sociedade a respeito desses temas, em geral, apresentam-se como avaliações espontâneas do público, quando na verdade não o são. Nessas condições, governar guiado pelos resultados de pesquisas de opinião pública é uma maneira irresponsável de governo que contribui para a redução na legitimidade dos sistemas democráticos.

Formas tradicionais de organização do debate público, inclusive quanto aos ritos e tempos para formação ou reformulação de posições individuais, em torno das quais se difundem opiniões sobre diferentes temas públicos, são substituídos por manifestações diretas de posições públicas nas democracias. O distanciamento do público em relação a conceitos que dão significado a temas presentes no debate contemporâneo como "comunismo", "imigrantes" ou "violência de gênero" resultam em um caldo de cultura ideal para a aproximação do cidadão comum a discursos radicais e a figuras paternalistas com posições extremadas. A infantilização gerada pela forma de difusão de conteúdos eletrônicos ou digitais na arena pública produz comportamentos dependentes de um paternalismo social, reduzindo cada vez mais a presença de argumentos e opiniões no debate público. A necessidade de pensar sobre argumentos abstratos é substituída pela de se posicionar o mais rápido possível sobre imagens materiais. Nessas condições, a opinião cede espaço para a manifestação.

Até aqui foram discutidos os principais aspectos da literatura recente da ciência política sobre o papel da Opinião Pública nas democracias contemporâneas. No entanto, a atenção dos pesquisadores e intelectuais que se ocuparam do tema do debate político nas democracias de massa é antiga. Pelo menos desde o início do século passado, vários autores vinham tratando do tema Opinião Pública de distintas maneiras, mas, invariavelmente com algum aspecto crítico ao seu processo de formação ou de potenciais consequências negativas para a democracia. Já na segunda década do século XX, Lipmann (2008) defendia que a opinião pública é cognitiva e não racional. Por ser resultado da apreensão de conhecimentos, ela é parcial, dirigida e enviesada por estereótipos. Lippmann é considerado um autor elitista, que defende a necessidade de uma elite consciente de seu dever para dirigir a sociedade a partir de decisões racionais e não por estereótipos. A sociedade é formada por várias elites com capacidade de dirigir o debate. Há uma elite intelectual, outra econômica, outra elite dos trabalhadores, uma elite religiosa e assim por diante. Elas seriam responsivas, quando, no conjunto de suas ações e estímulos gerados no debate público, o saldo fosse positivo para a estabilidade e bom funcionamento da democracia. A massificação dos conteúdos permitiu recentemente uma nova crítica à posição de Lippmann, pois está claro que mesmo as elites dirigentes tendem a tomar posições a partir de imagens, não sendo tão racionais como pretendia o sociólogo.

No modelo apresentado por Habermas (2003) de duas variantes para o processo de formação da opinião são necessárias algumas condições fundamentais. Primeiro, os atores privados são cientes de suas preferências individuais e livres de pressões de instituições ou atores Estatais no processo de formação da opinião. Além disso, seria indispensável para a racionalidade da opinião a presença física dos debatedores. Para Habermas (2003) o processo de formação da opinião também pode ser tanto resultado de publicidade manipulativa ou meramente demonstrativa, o que ele chama de "não-opinião" ou "quase-opinião". É possível encontrarmos no espaço público mais não-opinião do que opinião propriamente dita.

Nos anos 1970, ao inverter a ordem explicativa, Luhman (2000) justifica sua posição pelo limite de capacidade de processamento individual de informações. Devido ao grande número de conteúdos disponíveis atualmente, não é possível formar opinião sobre todos os temas. A opinião individual, e por consequência a pública, passa a ser funcional e tem o objetivo de reduzir custos e inseguranças. Segundo o autor, seria o tema que determina a opinião e não o contrário, assim como para ele é a qualidade da representação democrática que determina a qualidade da Opinião Pública. É nessa mesma época que Noelle-Neumann (1974) aprofunda o caráter instrumental da Opinião Pública como estratégia individual para evitar o isolamento.

Tomando por base esse conjunto conceitual, no próximo tópico serão discutidas as características internas, em busca de um conceito de opinião pública, e não mais seu potencial papel para a conformação das democracias contemporâneas.

1.3. Opinião pública e consequências políticas

O papel da Opinião Pública nas democracias representativas começa a ser estudado a partir da relação entre meios de comunicação de massa, principalmente cinema e rádio, e processo de formação das opiniões individuais que serão expressas publicamente. Pesquisas consideravam o impacto absoluto dos meios de comunicação sobre a opinião pública, nas primeiras décadas do século passado. A mídia de massa teria capacidade de impor opiniões e moldar comportamentos. Havia uma denúncia contra o novo totalitarismo, o dos meios de massa, sobre a opinião pública (HOHLFELDT; MARTINO; FRANÇA, 2001). Já nos anos 1940, estudos utilizando novas técnicas para coleta de dados de campo e análises estatísticas representativas da população, concluem que a ideia de um controle absoluto dos meios de comunicação não se sustentava. O que os meios de comunicação faziam era, no máximo, ativar ou reforçar opiniões já existentes no indivíduo. Essa corrente ficou conhecida como a dos efeitos mínimos (ZALLER, 1992). A partir dos anos 1970, a ideia dos efeitos mínimos da mídia passou a ser questionada (HOHLFELDT; MARTINO; FRANÇA, 2001).

A afirmação é que embora nenhum conteúdo individual dos meios de comunicação possa ter grande efeito sobre o público, quando se considera a repetição ao longo do tempo, o efeito cumulativo gera impacto sobre opiniões já existentes com bombardeio de conteúdos similares que levem à mesma direção. Com isso existe uma retomada da possibilidade de algum controle da opinião pública pela elite social via meios de comunicação. A questão não é mais a capacidade de dominação de um canal, uma mensagem, ou um conteúdo, mas que a manutenção no espaço público de determinado assunto, com enquadramento específico ao longo do tempo, apresenta capacidade de minar posições contrárias ou reforçar posições coincidentes, delimitando e ativando opiniões e comportamentos (ZALLER, 1992). É possível pensar que a crítica aos efeitos mínimos não possui a mesma matriz das teorias normativas do controle absoluto dos meios de comunicação. A capacidade de conversão de determinada opinião no público não é dos meios e das suas intencionalidades na produção de mensagens e conteúdos, mas da permanência de determinados conteúdos no debate público. A intensidade da presença ao longo do tempo é o que contribui para a conversão de opiniões e não o conteúdo propriamente dito. Essa é uma limitação das análises de conteúdo como base explicativa para o comportamento do público quando o conteúdo é tomado *per si* e não como integrante de um contexto mais amplo de comunicação.

Dando continuidade ao argumento do efeito de longo prazo no ambiente, Zaller (1992) lembra que para entender a opinião pública é preciso, antes, entender como os cidadãos tomam conhecimento daquilo que está além da sua realidade mais imediata, ou seja, do que eles não têm acesso direto. Depois, é preciso identificar como as pessoas convertem as informações que recebem de fontes externas em suas próprias opiniões. Em relação às formas que as mensagens podem adotar sobre temas distantes da realidade individual, Zaller (1992) as classifica em dois grupos:

i) mensagem persuasiva: formada por conteúdos e imagens que oferecem ao público razões para tomada de posição sobre um tema. Se as razões apresentadas forem aceitas, o público é persuadido a levar em consideração o assunto no momento de fazer a seleção dos temas que devem ser debatidos. Por exemplo, mensagens que relacionam corrupção por desvio de recursos do Estado com baixa qualidade na prestação de serviços públicos. A falta de qualidade nos serviços públicos é o que persuade o público a se interessar pelo tema da corrupção, nesse caso;
ii) mensagem sinal/deixa[10]: quando é formada por textos e imagens subliminares que fazem o público considerar o conteúdo por envolver algum tipo de emoção. É uma forma indireta de

[10] No original: "cueing messages" (Zaller, 1992, p. 42).

> se obter consideração ao tema. Por exemplo, se a mensagem sobre corrupção é formada por imagens de idosos sofrendo em filas de atendimento do serviço público de saúde. Ativa emoção sobre a situação e leva indiretamente a considerar as causas da má prestação de serviço público.

Em qualquer caso, o conceito-chave para ativar a atenção do público sobre determinado assunto é via "consideração" (ZALLER, 1992). A consideração faz com que o cidadão decida dar atenção a um tema público em relação a outros. Ela é composta por cognição e afeto. O componente cognitivo da consideração determina se o cidadão deve ou não levar em conta a informação recebida. O componente afetivo está presente quando há uma avaliação favorável a ela. Então, o público leva em consideração determinado tema quando opta por acessar as informações circulantes a respeito dele. O modelo apresentado por Zaller (1992) para explicar o processo de aquisição de informações e transformação delas em opiniões é formado por quatro axiomas, resumidos aqui da seguinte forma: a) axioma da recepção: o maior nível de engajamento cognitivo é aquele em que o cidadão se expõe a determinado conteúdo e o compreende, ou seja, a recepção; b) axioma da resistência: existe uma tendência nos cidadãos a resistir a argumentos que são inconsistentes com suas predisposições políticas. A tentativa de superação da resistência é pela busca de informações contextuais que relacionem a informação nova com as predisposições do cidadão; c) axioma da acessibilidade: o cidadão usa principalmente aquilo que está mais acessível em sua memória para formar ou reformular opiniões; d) axioma da resposta: sempre que precisa responder a questões específicas do debate público, em uma pesquisa de opinião ou em um chat/postagem em redes *online*, por exemplo, as respostas individuais consideram o que está mais saliente na memória imediata (ZALLER, 1992).

Com esses quatro axiomas, o autor tenta considerar todos os aspectos do processo de aquisição, transformação e uso das informações recebidas em opiniões individuais para o debate público. No entanto, uma definição de Opinião Pública deve ir além das descrições dos processos de recepção e uso de informações externas e isso é o que torna o debate sobre o tema complexo. Em 1968, Victor O. Key (p. 17) dizia ser impossível falar teoricamente sobre opinião pública por se tratar de uma tarefa muito difícil. No mesmo ano, Philip Davison defendia a não existência de uma definição aceita de opinião pública, embora o termo fosse muito usado (DAVISON, 1958). Mais recentemente, Dader (1990), a partir de um enfoque sistêmico-estrutural apresentado por Otto Baumhauer, defende que a opinião pública não pode ser considerada estática, mas um fenômeno sujeito a transformações constantes em diferentes contextos sociais, retomando uma das primeiras características identificadas no debate sobre opinião pública um século antes: a transitividade.

Um avanço no debate conceitual pode ser encontrado na diferença entre clima de opinião e corrente de opinião, como fenômenos transitórios. O clima de opinião consiste em um conjunto de informações e ideias prévias que, a partir de algum elemento incentivador, geram uma nova posição do público sobre o tema e condicionam as correntes de opinião ou novas opiniões elaboradas. Corrente de opinião se distingue de clima pelo fato de ser reconhecida como opiniões presentes em um grupo qualquer que veicula suas posições, principalmente pelos meios de comunicação pública (DADER, 1990). Uma abordagem alternativa é a de Noelle-Neumann (1974). Para ela, a opinião pública se aproxima de uma espécie de consenso básico existente na sociedade, sem significar um pacto social racional ou conscientemente acordado entre os integrantes do público. Ao contrário, a opinião surge de maneira espontânea e tende a atingir a todos os indivíduos, em função de um princípio básico da psicologia humana que é o medo de sentir-se isolado. Isso não significa que a opinião pública seja uma opinião majoritária ou unânime. Noelle-Neumann (1974) afirma que podem existir várias correntes de opinião sobre o mesmo assunto e ao mesmo tempo. Corrente de opinião é exemplificada pelo fato das pessoas se posicionarem, por exemplo, a respeito da adoção da pena de morte no país sempre que o assunto é retomado pelo parlamento e chega ao debate público. Há uma corrente favorável e outra contrária. Por outro lado, clima de opinião se dá quando chega ao espaço público informações sobre o caso de um assassino em série que se descobre ter matado dezenas de crianças e mulheres indefesas. Essas informações e imagens têm a capacidade de gerar um clima de opinião favorável à pena de morte. Diferente da corrente de opinião, relacionada à opinião primária, o clima de opinião, ou opinião secundária, vai existir enquanto as imagens do caso específico estiverem presentes nos espaços públicos (CERVI, 2010). Escândalos e presença massiva de imagens chocantes no debate público promovem alterações significativas, mas temporárias, que, se identificadas em apenas um momento do debate, não são suficientes para representar as diferentes correntes de opinião sobre um tema. Elas identificam o clima de opinião em determinado momento. Nesse sentido, Opinião Pública é um fenômeno que só pode ser medido longitudinalmente.

Habermas (1981) contribui para o debate ao diferençar a opinião pública ideal da real. A primeira é uma instância crítica de cidadãos privados que participam de processos de comunicação racional, tendo como interlocutores os integrantes da esfera estatal, como os representantes de instituições políticas, por exemplo. Aqui há uma possibilidade real da realização de um debate público, aberto e democrático. Mas a opinião pública real é uma instância receptiva, em que os indivíduos isolados e sem possibilidade de comunicação direta com os representantes de instituições políticas reagem aclamando ou rejeitando sumariamente, enquanto os representantes políticos usam esse espaço para a divulgação manipulativa das mensagens (HABERMAS, 1981). É o que ele chama de opinião manipulada. Para o autor, é possível encontrar no espaço público as duas formas de opinião, mas nas democracias de massa tende a predominar a segunda, a manipulada, por uma série de motivos[11].

---

[11] Como se pode perceber, em ambas as definições de opinião pública apresentadas por Habermas não se considera a relação comunicacional, seja racional ou manipulativa, entre cidadãos comuns. Ele sempre está tratando do tipo de

Para o sociólogo alemão Nikas Luhmann (2000), a opinião pública é tão básica e imensa quanto a estrutura temática da comunicação política. Sendo assim, o fenômeno refere-se à coincidência da atenção geral ao que é ofertado para discussão e não à importância dada ao tema pelos indivíduos. Para Luhmann (2000), opinião pública é a conversão do sistema político e social de maneira transitória e parcial; porém, essa transformação não é controlada pelas regras de tomada de decisão, que são racionais, mas pelas regras da atenção e da curiosidade, que em última instância definirão quais temas serão discutidos.

O conceito discutido aqui considera a opinião duplamente pública. Primeiro porque surge do debate público e, segundo, porque seu objeto é qualquer coisa, desde que esteja no domínio público. Portanto, a opinião pública que interessa é a opinião sobre assuntos que dizem respeito à nação ou a outro agregado social, expressa de maneira livre por cidadãos que estão fora do governo, mas que reclamam o direito de que suas opiniões possam influenciar ou determinar ações governamentais (BOBBIO , 1998). Para Lane e Sears, uma das principais funções da opinião pública é oferecer suporte e dar estabilidade a um regime político. É essa opinião que legitima o sistema político (LANE; SEARS, 1964, p.2).

Boa parte do interesse no debate sobre a opinião pública nas democracias contemporâneas deriva da discussão sobre se ela é ou não influência legítima para decisões dos governantes. A literatura a respeito do tema mostra que existe uma crítica elitista contundente em se considerar a opinião pública para tomada de decisões governamentais, visto que haveria uma "irracionalidade" nas manifestações e que ela oscilaria de forma randômica ou em função de influências conjunturais. Sendo assim, a opinião dos comuns não serviria para direcionar decisões de políticas públicas. Essa tradição de pensamento nasce em Platão e resiste até hoje em afirmações sobre a inexistência de uma opinião pública, conforme tese defendida por Campbell *et al.* (1964),

---

comunicação que se dá entre notórios, líderes ou os representantes políticos, e o cidadão comum, o representado no sistema político.

Bourdieu (2002) e Champagne (1998), entre outros. Discordando destes autores, os pesquisadores Page e Shapiro (1992) desenvolveram uma metodologia de análise do comportamento da opinião pública norte-americana ao longo de 50 anos e conseguiram identificar a manutenção ou mudanças consistentes da opinião pública norte-americana no tempo. Eles indicam não apenas a existência de uma opinião pública estruturada, como também a pertinência dos governos em levá-la em consideração na tomada de decisões. Além disso, esses autores inauguram uma linha de pesquisa empírica sobre opinião pública, a partir de resultados de pesquisas de opinião, com o principal objetivo de identificar duas dimensões distintas no conceito de opinião pública: a) direção: toda opinião tem uma direção quando inclui alguma qualidade emocional de aprovação ou desaprovação a respeito de algo; e b) intensidade: visto que as pessoas pensam mais sobre algumas de suas opiniões do que em relação a outras.

A primeira é a dimensão que, tanto individualmente quanto do ponto de vista coletivo, produz disposições gerais no sentido de adesão ou rejeição a uma ideia, com respostas positivas ou negativas a determinada forma de apresentação de um tema. Além do direcionamento, os indivíduos sentem-se mais voltados e aptos a formular opiniões sobre alguns assuntos em detrimento de outros. Essa característica diz respeito à intensidade. Diferentes intensidades, quando estáveis ao longo do tempo, também indicam maior lealdade dos cidadãos ao grupo a que pertencem, pois eles discutem temas mais relevantes a este grupo (PAGE; SHAPIRO, 1992).

Ao se conhecer a direção e a intensidade da opinião do cidadão, é possível não apenas posicionar a opinião individual ou coletiva em relação à opinião geral, mas também determinar a relação de padrões individuais com o coletivo. Lane e Sears (1964) mostram que pessoas com maior nível educacional tendem a apresentar opiniões mais consistentes sobre temas congêneres, por exemplo. As duas dimensões das opiniões individuais são influenciadas pelo contexto em que elas se formam – independentemente do nível educacional do cidadão. Esse contexto, por sua vez, seria composto pelos seguintes elementos:

a) estabilidade: diz respeito ao portador da opinião. Garante a manutenção da intensidade e direção ao longo do tempo. Quando ela não existe, esses dois fatores sofrem modificações rápidas; b) conteúdo informacional: as opiniões são formuladas e sustentadas com maior ou menor grau de informações disponíveis ao indivíduo a respeito do tema em questão; c) organização: demonstra a capacidade de uma opinião em se integrar ou não a opiniões sobre outros assuntos relevantes; d) consistência: relacionada à organização interna. Quanto maior o grau de consistência interna de uma opinião, melhor será a organização do *cluster* de opiniões; e) componente político: consequência da inconsistência de uma opinião pessoal sobre determinado assunto em função de diferentes estímulos (LANE; SEARS, 1964, p. 14-16).

Os elementos que compõem a opinião pública são uma tentativa de aproximar a dimensão individual de processamento das opiniões à dimensão socioambiental de circulação das informações que servem como insumo para as opiniões. Como o cidadão formula opiniões sobre diferentes temas e as mantém ao longo do tempo, é possível que algumas delas apresentem inconsistências em relação às outras. Uma das explicações para isso é que as pessoas formam suas opiniões em função de diferentes condições sociais. Como nem todas as condições mudam ao mesmo tempo, algumas opiniões podem acompanhar transformações contextuais de maneira mais rápida, enquanto outras permanecem estáveis. Isso diz mais respeito ao mundo externo do que ao indivíduo propriamente dito.

Uma vez identificadas as características intrínsecas da opinião, os geradores de mudanças consistentes da opinião pública podem ser agrupados em dois grandes grupos. O primeiro é de caráter individual, gerado por autorreflexão; o segundo é de caráter social, definido como rupturas ideológicas. Quando ocorrem, as rupturas são mudanças na opinião majoritária, tal como a opinião pública norte-americana sobre direitos civis e de minorias após os anos 1950, por exemplo, quando os movimentos a favor dos direitos das mulheres e dos negros conseguiram incluir esse tema na agenda de debate público, modificando comportamentos da elite política e da própria sociedade. Quando a ruptura ideológica se dá em uma democracia, as transformações na opinião normalmente são o resultado do debate entre elite e massa. Identificar esse debate, correlacionando-o aos momentos de significativas mudanças de opinião, faz-se necessário para explicar as rupturas.

Participação implica em algum grau de responsabilidade na busca de informações para formular e reformular (quando julgar necessário) opiniões individuais. Além de ter acesso às informações, o cidadão tem condições – algum preparo anterior – para interpretá-las e aplicar essa interpretação a fatos específicos. Por isso, Lane e Sears (1964) dão mais importância às capacidades individuais de interpretação da realidade do que às próprias fontes de informação de massa para a construção da opinião. Eles ressaltam que as primeiras opiniões dos indivíduos são formadas na infância, sob influência exclusiva dos pais e, muitas vezes, servem de matriz para a formulação de novas opiniões até mesmo em pessoas com idade avançada. Além disso, a disponibilidade individual para reformulação também varia ao longo do tempo. Nas palavras dos autores:

> Está relacionado à opinião pública um padrão histórico de mudança nas opiniões individuais, que apresenta diversas forças. As crianças tendem a aceitar os sentimentos de seus pais com muita facilidade, mas conforme vão envelhecendo os indivíduos passam a adotar posturas mais conservadoras. É, portanto, entre a adolescência e a idade adulta, que se encontram as maiores possibilidades de inovação ou mudança de opinião, pois nesse período os indivíduos encontram-se mais ativamente em contato com professores, colegas de trabalho, líderes políticos, personalidades, que podem influenciar suas posições (LANE; SEARS, 1964, p. 30, tradução minha).

Espera-se que pelo menos uma parcela dos integrantes da sociedade esteja disponível para rever suas opiniões em determinado momento e isso importa para a formação da opinião pública em uma sociedade democrática. É equivocado acreditar que, pelo menos em parte, a opinião pública não é capaz de reagir a mudanças em situações sociais específicas. No entanto, também é preciso considerar que as mudanças nos mais jovens são mais rápidas que as percebidas em grupos ou sociedades onde há predomínio de pessoas com idade mais avançada.

As fontes externas de influência na opinião individual, além da difusão de informações pela mídia, podem ser divididas em três grupos, para facilitar a compreensão dos diferentes níveis de efeitos. O primeiro é chamado de grupo primário, quando as relações são face a face, que normalmente ocorrem entre familiares ou colegas de trabalho. Se a relação face a face entre quem emite uma mensagem ou opinião e quem a recebe é rara, trata-se da influência de grupo secundário, já institucionalizado. Os exemplos mais comuns dessas fontes de influência são organizações sociais, sindicatos, partidos políticos etc. O grupo de influência mais distante é chamado de terciário, não havendo uma organização formal. Pode ser uma comunidade, uma região geográfica ou uma classe social (LANE e SEARS, 1964). As fontes mais próximas dos indivíduos são importantes, pois representam distintas intensidades nos processos de influência para a mudança de opinião.

Em todas as abordagens descritas anteriormente, parte-se do princípio que a opinião pública é resultado de um processo psicossocial e, como tal, não é capaz de promover mudança em si mesma, visto que as alterações se dão nas opiniões particulares, que antecedem a opinião pública. Além disso, as mudanças nas opiniões individuais se dão em uma complexa matriz que envolve direção, intensidade, contexto, organização e bases informacionais (não necessariamente originárias da mídia). Os processos de influência a favor da transformação de opiniões individuais apresentam três componentes básicos: a) opinião do indivíduo que está sendo influenciado; b) avaliação que o indivíduo faz da fonte de influência; e c) percepção que ele tem da posição da fonte de influência.

Se a opinião sobre qualquer tema não for intensa ou se a fonte de influência perde confiabilidade, por exemplo, formam-se condições para mudança da opinião individual. No entanto, existe uma série de razões para que uma pessoa apresente resistência a mudar de opinião: i) quando a opinião já foi testada na realidade e aprovada; ii) quando existe algum tipo de autoridade na fonte originária da opinião que impeça a mudança; iii) quando a opinião é ancorada nos mesmos valores que os apresentados pelos membros do grupo de referência; iv) quando o indivíduo usa a opinião para sustentar publicamente uma posição e v) quando a opinião desempenha uma função social, econômica ou psíquica, também dificultando o processo de mudança (LANE e SEARS, 1964, p. 54).

Ainda que as relações pessoais sejam consideradas mais importantes para a influência direta da formação da opinião individual, os cidadãos buscam a mídia para se informar sobre temas públicos e interpretar o debate. Dentro dessa lógica, as pessoas encontram evidências sobre o debate público nos meios de comunicação quando recebem informações dos líderes, das instituições políticas, ou quando os assuntos são públicos e tratam do que o governo está fazendo. Nesse sentido, é possível considerar a busca de informações nos meios de comunicação como uma decisão racional, ainda que não seja a fonte principal para formação ou mudança na opinião individual e mesmo que se saiba que existem mais ruídos/imagens que informações propriamente ditas sobre temas de interesse público nos atuais espaços de comunicação coletiva – principalmente nas redes sociais *online*. A racionalidade está no processo, não na oferta de conteúdos e, menos ainda, nos resultados.

Considerando que o cidadão está disposto a receber novas informações, em especial nos temas mais importantes nos espaços de debate público, essas novas informações podem ser compatíveis com a opinião já existente. Ou, em função de mudanças sociais, acabarem gerando inconsistências com informações recebidas recentemente. O processo racional da busca de informações na mídia sobre temas públicos pode reformular as opiniões individuais a partir de informações disponíveis e selecionadas em função da relevância do tema. Essa pressão que o consumidor de informações sofre deixa-o exposto a um aumento de inconsistências nas opiniões individuais sobre temas correlatos.

Por isso, dizem Lane e Sears (1964, p. 73), "*o ganho informacional para o cidadão pode torná-lo apto a tolerar e perceber inconsistências em relação a determinadas opiniões, estando mais capacitado a rever suas posições*". Logo, considera-se opinião racional[12] aquela formada com base em informações recebidas pela mídia e por integrantes de grupos intermediários. Nesse sentido, Michael Kunczik (1997, p. 290) assegura que "*a mídia interage com outros fatores intermediários de tal maneira que normalmente a comunicação de massa não é a única causa da opinião, mas um fator entre vários que reforçam as condições existentes*".

O problema para a racionalidade do processo começa quando existe mais oferta de fontes e conteúdos, não necessariamente informações, do que capacidade de seleção e interpretação individual. Com a proliferação de fontes e maior acesso por diferentes plataformas tecnológicas, dois fatores simultâneos dificultam o processamento racional de informações para (re)formulação de opiniões. O primeiro é o crescente ruído, que não diz respeito a conteúdos relevantes para o debate público. São pseudo-informações ou apenas imagens chocantes (não totalmente irreais, porém, tão parciais que perdem ligação com a realidade) que, ao invés de contribuir para a formação das opiniões individuais, acabam favorecendo o imobilismo. A segunda é a insegurança gerada nos integrantes do debate público. Ao se identificarem em posição isolada dos demais por receber diretamente um volume grande de informações privadas, os integrantes do debate

---

[12] A ideia de racionalidade em Lane e Sears não a contrapõe à existência de uma carga emocional e afetiva para a formação da opinião. Eles consideram que há um equilíbrio entre lógica e emoção. Dizem, portanto, que "as formas como muitas opiniões são construídas contraria a lógica da racionalidade pura, pois muitas pessoas estão sob influência dos pais, a partir de normas de grupos ou até mesmo sobre temas pouco conhecidos" (LANE; SEARS, 1964, p. 74). Em nenhum momento do debate conceitual sobre Opinião Pública é defendida a existência de uma opinião totalmente racionalizada e dissociada de diferentes cargas emocionais, em especial para os casos em que o debatedor dispõe de poucas informações para se posicionar.

público perdem a capacidade de se identificar com os demais e cresce a disposição para o autoisolamento. Contrário ao proposto por Noelle-Neumann (1974), em ambientes com alta insegurança o isolamento social passa a ser uma alternativa válida.

O debate contemporâneo sobre a opinião pública a apresenta, em última análise, como um fenômeno político e social. Ela só existe em relação a um grupo, cujo modo de expressão se difunde através de redes informacionais específicas. A maneira como se distribuem os conteúdos interfere, também, na opinião que se formará – mas não a determinará. Por isso, a forma de acesso às informações pelos integrantes do público importa tanto quanto o próprio conteúdo informacional. A abrangência social de um tema é o que determina a maneira como as informações serão apreendidas: ou pelos grupos primários, quando o tema é segmentado; ou pelos meios de comunicação, quando é de circulação ampla.

Como as opiniões dependem de informações que são constantemente atualizadas é esperado que as primeiras mudem ao longo do tempo, a não ser quando se desconsidera informação pública para formar opinião. As informações podem apresentar um aspecto apaixonante/sentimental por se situarem no plano emocional e no plano das crenças (FIGUEIREDO; CERVELLINI, 1995). A opinião pública, tal como a conhecemos, é um fenômeno que pressupõe uma sociedade civil distinta do Estado, livre e articulada, com possibilidade de difusão de conteúdos, formação de opiniões não individuais fora do aparato estatal; tais como jornais, clubes, salões, partidos políticos, associações, ambientes digitais e o próprio mercado econômico, interessados em interferir na política, ainda que não seja de forma imediata ou continuada (MUÑOZ-ALONSO, 1992). A opinião pública integra esse processo, portanto, podendo ser entendida como um dos efeitos do sistema de comunicação coletiva. Pressupõe-se, para tanto, a existência de um estímulo, mensagem ou conteúdo de significados, emitido por alguém, e captado pelo todo ou por parte da sociedade (CORRÊA, 1993). Ela é necessariamente resultado da interação direta ou indireta entre indivíduos.

As pessoas tentam manter opiniões coerentes com as do grupo a que pertencem, selecionando informações das mensagens (ou as próprias mensagens) a que se expõem, dando atenção àquilo com o que previamente concordam e privando-se do que as desagrada. Ao mesmo tempo em que tendem a desprezar mensagens contrárias às atitudes do grupo. Isso não significa que todos se exponham exatamente à mesma quantidade e tipo de informação, ou que sejam influenciados da mesma forma. Cada um tem seu rol particular de experiências e seu catálogo privado de dados, embora selecione e julgue esses itens de acordo com padrões coletivos (LAGE, 1998). É essencial entender em que condições as opiniões primárias amplificadas pela dinâmica de grupo perdem a estabilidade e se transformam. Circunstâncias como crises pessoais, afastamento ou rejeição do grupo e submissão à propaganda contrária impossível de ser desconsiderada podem levar à reestruturação de atitudes e, talvez, a novas afiliações, com mudanças potenciais da opinião (FIGUEIREDO, 2000). Nas sociedades modernas, não se pertence a um grupo só. Há, certamente, algumas adesões maiores à classe social, à cultura nacional ou regional, à padrões que decorrem da faixa etária, além de participarem de comunidades específicas, tais como os locais de trabalho e as famílias, em que desenvolvem identificações e rejeições. Em cada um desses grupos sociais existem pessoas particularmente ativas e capazes de se expressar, são os líderes de opinião. Uma das funções desses líderes é a mediação entre os meios de comunicação e os demais integrantes do grupo, os menos ativos (FIGUEIREDO, 2000).

Podemos considerar que a opinião pública na sociedade contemporânea é bastante diferente daquela descrita nos séculos XVII e XVIII, assim como sua influência sobre as decisões da elite política. Ela é o resultado de condições sociais particulares. Esteves (1997) destaca duas dessas condições por considerá-las fundamentais na definição da opinião pública moderna e por estarem intimamente relacionadas entre si: i) a democracia de massa, em torno da qual se consolidou a vida das sociedades ocidentais, e ii) a extraordinária aceleração dos fluxos de comunicação e de informação proporcionada pelos dispositivos tecnológicos de mediação simbólica (ESTEVES, 1997). Uma questão adicional diz respeito a se os processos de formação da opinião pública no início do século XXI, com os novos dispositivos tecnológicos de difusão de conteúdos, diferem significativamente daqueles descritos na segunda metade do século passado.

Nas sociedades pós-industriais com democracias universalizadas, a opinião pública é ainda mais intensamente mediada por dispositivos de comunicação. O importante é entender que o mediador não substitui a instituição-fim de representação política. Os mediadores são considerados por Grossi (2007) como ferramentas a serviço da participação por instituições políticas. A opinião pública pode tanto ser formada de baixo para cima, quando apresenta "autodireção"; quanto de cima para baixo, por "heterodireção". Maior relevância dos instrumentos estatais de participação leva à opinião formada por "heterodireção", maior autonomia do público para impor suas demandas às instituições representativas, via meios de comunicação, mais "autodireção" da opinião pública. Existem algumas características indispensáveis para as chamadas democracias de público[13]: autonomia, igualdade de condições e respeito à regra da maioria. A primeira delas é a soberania popular, onde o público é soberano para tomar decisões e possui mecanismos formais para garantir a consecução delas. A igualdade política também é indispensável para gerar o potencial de participação de todos os cidadãos. Por fim, a regra da maioria, onde a minoria sempre se submete ao que determina a maior parte da sociedade (Grossi, 2007).

Em ambientes midiatizados, os meios de comunicação desempenham três funções no debate público. A primeira é chamar atenção para os temas, o agendamento; a segunda é interpretar a opinião pública, quando realiza e apresenta análises de resultados de pesquisa de opinião, por exemplo; e a terceira é reagir à realidade, com apresentação das suas próprias opiniões, a chamada opinião publicada.

---

[13] Para uma discussão teórica e revisão dos conceitos sobre Democracia de Público ver Manin (2013).

A opinião pública é mais "heterodirigida" quanto mais os meios de comunicação apresentem suas próprias opiniões e quanto mais elas forem coincidentes com as opiniões majoritárias da elite política. Ao contrário, uma democracia terá uma opinião pública mais "autodirigida" quanto mais a mídia se ocupar do agendamento de temas e interpretar as opiniões identificadas no debate geral (GROSSI, 2007). A opinião pública é um bem imaterial das democracias e como tal resulta de um processo de construção coletiva que depende das disposições dos participantes, da capacidade das instituições-meio em organizar e das instituições-fim em dar respostas.

1.4. Aplicação do conceito de opinião pública

Existem duas correntes explicativas complementares que ajudam a entender as disposições dos participantes no debate público. A primeira considera a individualização de início, com socialização posterior. Nesse caso há uma continuidade entre o indivíduo e o coletivo, com aproximação de demandas, visões de mundo e formação de opinião por pontos coincidentes. A segunda é a individualização como o resultado do conflito social, ou seja, como resposta a algum estímulo negativo. Aqui não há busca de acordo, mas imposição do conflito que leva ao isolamento, extremismo ou radicalização (GROSSI, 2007). As chances de encontrar um debate público radicalizado ou em um processo de radicalização são maiores quando o conflito social leva à individualização, ou seja, dá crescente importância às crenças e valores dos indivíduos. A partir dessa definição é possível identificar a origem da radicalização não no debate em si, mas na disposição e formação anterior a ele.

Se há uma individualização prévia, com formação autônoma de conceitos e opiniões, para depois apresentá-los ao debate público, existe uma chance menor de socialização no sentido clássico do termo. Para tanto, o cidadão conta com o apoio de instituições sociais tradicionais na modulação das individualidades. Se as informações obtidas no debate forem parciais e elas conformarem a principal fonte de conteúdo para a opinião inicial, a própria natureza conflitiva do debate levará à imposição de visões de mundo individuais. Se esse comportamento predominar, haverá uma tendência à radicalização da opinião pública, com mais insulamento a partir de posições ativadas pelas informações fornecidas por instituições que mediam o debate. Nesse caso, a opinião pública se confunde com a representação imaterial da desafeição social.

Aqui, voltamos ao ponto da intensidade e volume de conteúdos disponíveis no debate público para tratar da sua dinâmica e resultados. Quanto mais conteúdos novos são enquadrados de determinada forma para representar uma visão de mundo específica, mais insegurança o indivíduo apresenta sobre suas opiniões prévias e sobre as instituições sociais que ajudam a organizar suas posições públicas. A maior disponibilidade de conteúdos nas sociedades do início do século XXI, com a difusão do debate nas chamadas redes digitais, não altera a essência do debate público, mas intensifica determinados comportamentos. Mesmo porque, pelo caráter comercial que carregam, os ambientes digitais não podem ser considerados espaços públicos de fato.

Os ambientes digitais aumentam a insegurança individual por oferecerem um volume muito superior de conteúdos e posições externas sobre temas públicos à capacidade de processamento individual. Assim, o efeito nos participantes do debate ocorre antes deles integrarem os espaços propriamente ditos. As redes digitais criam debatedores com opiniões formadas a partir de informações das próprias redes, de maneira individual, reforçando posições anteriores e não em favor da socialização de posições individuais.

Um ponto importante na discussão sobre o papel da opinião pública para a política é tratá-la como resultado da soma de opiniões individuais sobre determinado assunto em dado momento (GROSSI, 2007); ou como um processo que não pode ser isolado no tempo e que gera uma tendência a consensos sobre orientações, convicções e ações (CRESPI, 1997). Independente da definição, em ambos os casos há limitações conceituais que precisam ser consideradas quando se analisa a legitimidade da influência da opinião pública sobre a arena política. A primeira delas é se as pessoas não têm as mesmas competências e não são igualmente informadas sobre os temas públicos, como podem gerar uma opinião pública que interfira positivamente no sistema político? Para além das capacidades individuais de interpretação, se há dependência das informações disponíveis no ambiente, da posição social, econômica, do capital cultural disponível, do estilo de vida para ser identificado como participante do debate, como conciliar essas desigualdades com o caráter democratizante da opinião pública? (GROSSI, 2007). As questões apresentadas por Grossi são respondidas se usarmos a estratégia de Luhman de inversão da ordem de efeitos. Quanto mais desigual for uma sociedade, menos igualitário e democrático será o processo de formação da opinião pública. Com um debate público pouco democrático, não é possível uma democracia que vá além das regras e instituições formais. Logo, as discrepâncias no processo de formação e expressão das opiniões são explicadas pelas desigualdades de condições mais amplas do que apenas a de participação no debate.

Outro ponto relevante é a diferença entre ser a opinião pública uma orientação majoritária do público ou uma opinião dominante no público. A orientação majoritária ocorre quando as pessoas expressam fraca intensidade nas afirmações e pouca convicção na defesa de posições. Trata-se de uma orientação apenas, não uma posição consolidada. Por outro lado, a opinião dominante é uma posição forte originada em uma minoria ou grupo social específico que ao final irá prevalecer sobre as orientações fracas ou à indiferença da maioria (GROSSI, 2007). Em qualquer um dos casos, o processo de formação de opinião passa por relações desiguais de poder político, representadas pelas diferenças na capacidade de defesa de uma posição. Portanto, a opinião pública carrega desde sua origem aspectos de desigualdade de condições.

Para além das desigualdades de condições no debate é importante entender que a opinião pública também é resultado do enfrentamento racional de ideias, algumas vezes antagônicas e, em parte, resultado de uma relação sedutora e emocional. Pessoas pouco interessadas e menos instruídas são mais facilmente seduzidas por conteúdos emocionais (GROSSI, 2007). Por serem superficiais e com base em estereótipos, essas posições resultantes de processos de manipulação de emoções também são mais voláteis. Os participantes menos interessados, quando estimulados corretamente, são o motor das mudanças na direção da opinião, que podem ser apenas "clima de opinião" ou mudança gradual e permanente das posições.

Para analisar os componentes relevantes do processo de formação da opinião pública podemos dividir o fenômeno em duas dimensões. Uma é formada pelas pessoas que participam do debate e outra, as instituições que organizam as pessoas e o debate. A dimensão pessoal pode ser agregada em pelo menos dois grupos: o público, formado por cidadãos comuns, e a elite, formada por líderes de opinião. Na dimensão institucional encontram-se os canais e aparatos que promovem a circulação de informações. Segundo Grossi (2007), o público é formado por cidadãos agregados socialmente que se constituem a partir de um tema ou problema que é capaz de produzir interesses ou conflitos e que se estrutura em interações comunicativas.

Existem três tipos principais de públicos. O "público geral", formado pela massa, mais extenso e heterogêneo; o "público eleitor", formado pela parte da sociedade que, além de participar do debate público, também cristaliza suas opiniões e demandas na forma de voto; e o "público atento", a parte mais ativa, de especialistas, informada e permanentemente motivada à participação no debate público sobre determinado assunto (GROSSI, 2007). A ativação dos diferentes tipos de públicos no debate se dá pela inclusão de tema de interesse na agenda pública, quando se trata de um público monotemático; ativado por líderes de opinião com posições formais de comando em organizações como associações culturais, profissionais ou de trabalho; ou, ainda, por ameaças, para o público que é organizado ideologicamente por adesão a um sistema de valores e visão de mundo.

Os líderes de opinião, representantes políticos, membros de direções de instituições e organizações econômicas, sociais ou culturais gozam de legitimidade coletiva, pois são os integrantes da elite do debate público. Eles têm acesso mais ou menos permanente aos meios de difusão de conteúdos e opiniões que servem como insumo para o debate público. Trata-se de uma minoria, estimada em 5% da população de uma sociedade, segundo Grossi (2007). O papel dessa elite é apresentar problemas, definir agenda temática, competir entre si no mercado de opiniões e influenciar o público atento, aquele que está mais próximo dos líderes de opinião, e que propagará suas opiniões aos outros dois públicos – o eleitor e o geral.

Nas democracias contemporâneas, os líderes são centrais para o debate público, pois eles reduzem a complexidade do debate selecionando temas e indicando questões relevantes. Mas, além do público e da elite, o debate depende de uma dimensão institucional, formada por meios e agendas temáticas. Os meios de difusão de informação são motores para geração e distribuição de conteúdos públicos. Eles são tão importantes que por vezes confundem-se com instituições capazes de fabricar opiniões, favorecendo determinadas orientações ao proporcionar chaves interpretativas para os temas agendados. São os meios de difusão de conteúdos que permitem a interação comunicativa entre os integrantes do debate, além de intermediar ou dificultar a cognição do público. A opinião pública é resultado de interações comunicativas de diferentes atores individuais, coletivos e de dispositivos para difusão de conteúdos. A intensidade de participação de cada um deles é o que caracteriza empiricamente o debate.

A descrição da dinâmica do debate público, da qual a opinião pública resulta, é apresentada aqui a partir de quatro características principais, organizadas em duas dimensões: i) forma e intensidade de participação; e ii) direção e volume predominantes nos conteúdos disponibilizados no espaço público.

A organização dessas quatro características nas duas dimensões permite identificar o tipo de debate e, consequentemente, a opinião pública resultante. Importante saber que a proposta de aplicação do modelo teórico aqui se dará a partir da estratégia de formulação de tipos ideais. A vantagem dos tipos ideais é que facilita a compreensão do argumento geral a partir de uma tipologia esquemática. A desvantagem é que, por serem tipos ideais, não podem ser transportados diretamente para a realidade. Portanto, os exemplos a partir daqui devem ser lidos como formulações teóricas, cuja finalidade é ilustrar o processo social de construção da opinião pública e não apontar ocorrências históricas ligadas a eles.

No modelo de tipos ideais há dois pontos extremos na caracterização do resultado. De um lado, a opinião pública racional e responsiva aos conteúdos informativos sobre temas que circulam no espaço público. Nesse caso, a opinião predominante é constituída nos participantes que apresentam autonomia para o debate, com formação mínima anterior para garantir a independência sobre os temas públicos. Para tanto, é necessário como insumo um volume maior de informação sobre temas públicos do que ruídos/imagens – conteúdos relativos a temas não públicos e que circulam pela pura curiosidade pessoal. Em resumo, a opinião pública responsiva depende da existência de cidadãos preparados, interessados no debate público e que tenham conteúdos que ajudem a informar e a formar opinião sobre os temas.

No extremo oposto do modelo de caracterização do debate público encontra-se o tipo ideal do processo social de construção de uma opinião emotiva e fruto de persuasão, movida por técnicas publicitárias e não pela relevância às demandas do público. O que importa é a capacidade de ser "vendável". Aqui, o debate é substituído pela persuasão e os posicionamentos racionais pelas escolhas emotivas. O cidadão nesse tipo de debate não necessita de formação anterior e, menos ainda, de disponibilidade para ouvir diferentes pontos de vista. Ao contrário, ele espera ser persuadido pelo argumento mais próximo da posição já existente, reduzindo assim a possibilidade de debate público real e aumentando a radicalização, seja pela forma emocional de defesa de pontos, seja pelos posicionamentos inalterados ao final do processo. Esse tipo de opinião pública caracteriza-se pela permanente insegurança, gerada pela baixa circulação de informações relevantes e pelo excesso de imagens pré-concebidas e estereotipadas que alimentam o debate. Em resumo, nessas condições, a opinião pública é o resultado de um processo mais publicitário do que plebiscitário. É mais impositivo do que democrático. Mais individual, dado que o consumo da publicidade é atomizado, do que organizado coletivamente. Nesse extremo, a opinião predominante é a que consegue persuadir a maioria e não a que convence diferentes grupos que participam do debate.

A imagem 1 a seguir representa a relação entre as quatro características organizadas nas duas dimensões – cada uma em um eixo. No centro do gráfico estão os resultados esperados para os pares de combinações de características. No eixo Y encontram-se as características relativas à forma e intensidade de participação dos cidadãos no debate. A primeira delas, a forma, distribui-se entre os pontos extremos que vão de "atores" do processo a simples "espectadores" de resultados. A segunda diz respeito aos tipos de participação, que podem ser em seus extremos "ativa" ou "passiva". A participação se dá na maneira como os cidadãos atuam no processo, seja como fornecedores de insumos/informações, seja como fomentadores do debate propriamente dito. Quando a participação é "passiva", ou seja, apenas com disponibilidade para recepção dos conteúdos, ela tem baixa intensidade, ou seja, como "espectadores", meros receptores acríticos dos conteúdos disponibilizados por outros atores, normalmente institucionais, no espaço público. Ao contrário, temos uma participação com alta intensidade, "ativa".

No outro eixo, o X, estão representados volume e direção de conteúdos dos espaços de debate público. Aqui espaço público é entendido como uma esfera própria, independente do espaço da vida privada dos integrantes do público e, também, fora dos espaços de controle direto das instituições estatais. A principal consequência do debate público é influir na tomada de decisões dos operadores das instituições estatais, que, nas democracias, são responsabilizados pelo cidadão em eleições periódicas. Quanto mais independente for o debate para formação da opinião pública, maior será o fluxo de informações dos espaços públicos sociais para as instituições estatais. Porém, não é possível pensar um debate totalmente isolado do fornecimento de insumos do Estado, inclusive porque, em democracias representativas, os agentes governamentais que ocupam postos decisórios do Estado precisam fornecer informações sobre suas ações como prestação de contas. Assim, algum fluxo de informação do Estado para o espaço público não é só esperado, como desejado. O problema para o debate público livre começa quando o fluxo na direção "Estado – Esfera Pública" é maior do que o do sentido contrário. Quanto maior o volume de conteúdos na direção "Esfera Pública – Estado", mais inclusiva será a participação do cidadão comum na formação da opinião pública – que não significa que o debate ganha qualidade, pois, "mais" debate não equivale necessariamente a "melhor" debate. Nessas condições, considera-se que o resultado instrumental é um "*input*" de informações do debate público ao Estado. Se, por outro lado, o Estado fornece mais insumos e informações ao debate do que o produzido na Esfera Pública, o resultado é "*output*" de fluxos informacionais, com maior controle de agenda por parte das instituições estatais do que da própria sociedade.

Uma dimensão independente da forma/intensidade de participação é a quantidade de espaços e conteúdos disponíveis para o debate público. O volume de espaços disponíveis não está associado a um tipo específico de participação. Ao contrário, depende do desenvolvimento de suportes tecnológicos, da superação de barreiras econômicas e culturais para acessá-los. Por isso, na imagem 1 acima, a quantidade de espaços é representada como uma constante (linha tracejada horizontal) a partir do centro do eixo Y. No entanto, em relação à direção e fluxo predominante de informação há uma associação direta entre crescimento no número de espaços, no volume de conteúdos e transição para um modelo de debate do tipo "*output*", onde o Estado fornece mais subsídios. A explicação para essa mudança está no fato de que o Estado, direta ou indiretamente, passa a ser o grande produtor de conteúdos publicitários, com financiamento do debate

IMAGEM 1

Modelo bidimensional de organização do debate público

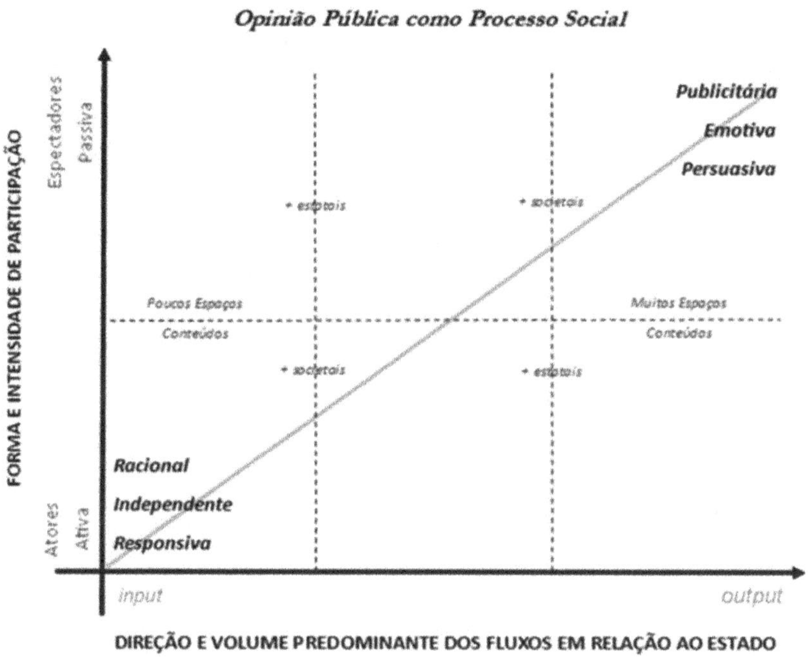

Fonte: autor.

público persuasivo, influenciando a agenda dos temas debatidos, pela indicação das fontes mais confiáveis e controle econômico direto de espaços públicos.

A partir dessas dimensões e características é possível identificar dois tipos ideais de processos sociais para construção da Opinião Pública. O primeiro encontra-se próximo ao vértice dos eixos X e Y, onde há uma participação maior de atores ativos com um fluxo predominante de informações da sociedade para o Estado (*input*), poucos espaços e conteúdos circulando, porém, predominantemente societais. Estas são as condições ideais para uma opinião pública racional de base social, independentemente dos controles das elites culturais e políticas e responsiva aos interesses gerais. No outro extremo encontra-se o processo social caracterizado por uma passividade dos participantes, que transforma o público em espectadores, com fluxo de conteúdos predominantemente do Estado para a sociedade (*output*) e existência de múltiplos espaços para interações públicas. A multiplicidade de espaços dá-se mais pelos interesses de mercado econômico ou de instituições ligadas à esfera privada do que pelo fomento do debate livre e desinteressado de temas públicos. A existência de múltiplos espaços, organizados em um sistema econômico de exploração, venda e circulação de conteúdos, aliado à centralidade de instituições estatais gera condições ideais para uma opinião pública emotiva, resultante de processos de persuasão publicitária, não de convencimento.

Além dos dois tipos ideais descritos como resultantes de comportamentos consistentes, há outros dois tipos inconsistentes. O primeiro é percebido quando ocorre o fluxo predominante da sociedade para o Estado, mas com poucos espaços públicos para o debate. Existe uma racionalidade na formação da opinião pública, porém, por parte de um pequeno grupo, a elite social, que mesmo fora do Estado consegue impor certo conteúdo de interesse ao debate independente e racional. Nesse caso, a racionalidade restringe-se à minoria, visto que a maioria participa como espectador do processo. O segundo resultado inconsistente, no polo oposto do gráfico, dá-se quando há grande fluxo de conteúdos do Estado para o espaço público (*output*), porém, com racionalidade dos participantes, ou seja, com menos apelos emocionais e publicitários no debate público. Isso ocorre quando cresce a participação de fontes estatais em relação às que representam os interesses de mercado econômico. Mas, para tanto, é necessário que as fontes estatais não sejam meros reprodutores de interesses governamentais. A maior dificuldade aqui é para o público separar interesses de Estado de interesses de governo.

Se a qualidade da democracia está diretamente relacionada à qualidade do debate público, independente da direção de causalidade, a formação da opinião pública depende de um conjunto multidimensional de fatores. Começa pela maneira como os participantes se apresentam no espaço público, se como atores ativos ou meros espectadores passivos; passa pela diversidade de conteúdos e espaços para o desenvolvimento do debate na esfera pública, em consequência do desenvolvimento tecnológico; e chega ao fluxo predominante de conteúdos para o debate, que pode ser da sociedade para as instituições estatais ou do Estado para a esfera pública.

A separação física dos componentes do processo só é possível aqui, em uma explicação conceitual a partir de tipos ideais, não na realidade. No mundo fático, eles apresentam interdependência. Um público racional e com participação ativa está ligado a espaços que produzem predominantemente conteúdos com relevância para o debate público ao invés de ruídos/imagens para chamar atenção. Os resultados desse tipo de debate direcionam o fluxo de opiniões da sociedade para o Estado. Já em ambientes com sobreposição de informações e muitas fontes de conteúdo circulante que favorecem comportamentos afetivos há um estímulo a posicionamentos emocionais e transitórios ao invés de levar ao debate de temas públicos. Essas condições são fundadas em princípios individuais, portanto, acirrando as diferenças e distanciamentos entre os integrantes do debate.

Um fato pouco considerado é que as mudanças nos processos sociais de construção da opinião pública seguem, em grandes linhas, uma sequência temporal. No período de pouco mais de um século passamos de um modelo normativo racional e responsivo de debate público, com número limitado de espaços e meios de difusão de conteúdos, para um modelo em que predomina a persuasão do público com difusão de conteúdos com apelo emocional, no formato publicitário, com muito ruído/imagens e poucos conceitos/palavras; resultando em um público passivo, pouco responsivo e majoritariamente espectador.

Se a qualidade da democracia representativa depende da qualidade do debate público, as mudanças nos processos de interações públicas interferem diretamente no tipo de democracia experimentada pelas sociedades com cidadania universalizada. As transformações e crises pelas quais passa a democracia no início do século XXI não explicam a deterioração dos espaços para debate responsivo de temas públicos. Ao contrário, são as mudanças nos processos de produção de debate público que condicionam a democracia contemporânea.

Seguindo o modelo de periodização proposto por Lazar (1995), podemos identificar três grandes momentos da opinião pública em relação à forma, intensidade de participação e volume de conteúdos que circulam. O primeiro é o que ela chama de "opinião pública ilustrada", predominante nos séculos XVII e XVIII, que se desenvolve nos clubes e salões sociais, com público formado por uma minoria culta, a elite. Os conteúdos são transmitidos pela escrita, principalmente pela imprensa, e a forma comunicativa dominante é o diálogo racional. O segundo momento é chamado por Lazar (1995) de "opinião gritada", que ocorre principalmente no século XIX, é caracterizada por manifestações de rua, movimentos coletivos e tumultos sociais. Os canais predominantes eram os interpessoais, imprensa popular, panfletos e cartazes. Nesse período não é possível encontrar porta-vozes formais, e os intelectuais deixam de ser representantes do "espírito do tempo". Acentua-se a dimensão expressiva sobre o debate racional, com formas legitimadas de convencimento pelo testemunho, protesto ou simples propaganda. Nas primeiras décadas do século XX surge o terceiro momento, chamado de "opinião pesquisada" (Lazar, 1995), cuja principal característica é a comunicação mediada por instituições especializadas na produção e difusão de informações. Há o retorno dos intérpretes oficiais, do porta-voz e defensor de determinada posição. Existe nesse período um crescimento dos dispositivos de intermediação cognitiva e simbólica nas relações comunicativas entre integrantes do público geral.

Se no início do século XXI não há mudanças estruturais nas características dos participantes e das formas discursivas, algumas diferenças são marcantes em relação ao século anterior. Em primeiro lugar, o maior volume de conteúdos disponíveis para o debate público, consequência do surgimento de novas instituições de produção e difusão de imagens concorrentes com os meios de comunicação tradicionais.

As formas predominantes de difusão de conteúdo não são mais impressas ou gestuais, mas uma mescla de texto, imagem, sons; depoimento pessoal e documental, ao mesmo tempo. Além disso, há um número maior de intérpretes da realidade, de especialistas que se apresentam ao debate. Tanto os integrantes da elite, que representam posições sobre temas públicos, como as opiniões do próprio público, passam a ser mais voláteis e propícias a rápidas mudanças. Pela primeira vez na história, os ruídos (conteúdos que não dizem respeito a temas de interesse público) suplantam os assuntos legítimos à discussão pública, reduzindo o tempo disponível para o debate sobre o que importa e tornando as posições políticas transitórias, tanto no espaço público quanto no âmbito do Estado. Vivemos a época da "opinião volátil em públicos constantes".

O processo de formação da opinião pública é complexo e multidimensional. Os atores que participam dos debates têm seus próprios interesses e motivações, ainda que sejam apenas o de manutenção ao grupo de pertencimento. Os integrantes do público variam suas participações tanto na forma quanto na intensidade do debate sobre determinado tema, assim como o sistema de comunicação no qual os espaços públicos estão inseridos é capaz de interferir diretamente na direção e no volume de conteúdos. Também vimos que a dinâmica do debate é definida a partir de um contínuo que vai de mais estatal até mais societal. É por conta desse contínuo que podemos classificar o tipo de participação como ativa/propositiva ao debate ou receptiva/ /reativa a conteúdos. A expectativa dos especialistas ao descrever o fenômeno no século XX era que integrantes do público mais livres de vínculos institucionais e com acesso facilitado a um número maior de fontes seriam menos reativos. Como veremos nas próximas páginas, essa é mais uma das inúmeras promessas não realizadas na história das democracias representativas ocidentais.

CAPÍTULO 2

O PROCESSO DE TRANSFORMAÇÃO DA OPINIÃO INDIVIDUAL EM COLETIVA NOS CENÁRIOS COMPLEXOS DE COMUNICAÇÃO

A discussão conceitual sobre os componentes, etapas, formas e consequências do debate para a Opinião Pública feita nas páginas anteriores, longe de ser exaustiva, não teve mera função ilustrativa. Ela serve para que a discussão a partir daqui se afaste o máximo possível de um erro comum nas análises sobre Opinião Pública no século XXI: o do determinismo tecnológico, que ocorre quando se assume que as mudanças estruturais nos espaços públicos e semipúblicos nas últimas décadas, notadamente com desenvolvimento do ecossistema de comunicação digital, são responsáveis por novos comportamentos dos debatedores. Esse determinismo quase sempre está presente quando o diagnóstico é de queda na qualidade dos debatedores em ambientes digitais.

Como vimos até aqui, o custo da expressão de uma opinião divergente da opinião majoritária é um dos primeiros componentes da opinião pública, presente mesmo antes do rádio e da televisão. A relação preferencial com imagens não está vinculada ao surgimento de redes digitais especializadas na publicação de fotos ou de vídeos de "dancinhas" ou "performances pela performance". A substituição do conceito pela imagem no debate público é anterior ao ecossistema de comunicação digital, como apontado por Sartori (2001). A opção pelo acesso às informações que coincidem com as predisposições individuais foi relatada muitas décadas antes do surgimento de grupos de discussão em ambientes digitais, assim como a tendência em manter suas próprias opiniões precede em muito os espaços de *chats* digitais para conversações, como descrito por Zaller (1992). O hiper individualismo em espaços públicos já é indicado por Morin (2009) ao descrever a sociedade ocidental de meados do século passado, assim como a radicalização e extremismo ideológico não são consequências da centralidade dos dispositivos de acesso individual a ambientes digitais ou de quando esses dispositivos passaram a ser extensões dos organismos humanos, independente da faixa etária, nível educacional ou renda. A discussão que se faz a partir daqui não pode ser confundida com uma defesa de que a tecnologia altera e explica comportamentos humanos.

A expectativa na literatura normativa sobre o tema era de que, com o desenvolvimento de um sistema de comunicação mais plural, redução de barreiras econômicas e culturais, surgiriam as condições necessárias para um espaço público realmente universal. A maior independência dos integrantes do público em relação às instituições tradicionais de representação de interesse empoderaria o cidadão comum, o que aumentaria a qualidade do debate e, por consequência, da Opinião Pública. O avanço tecnológico alterou as condições objetivas de participação no debate público, no entanto, ao invés de seguir adiante nas expectativas de maior autonomia e racionalidade dos debatedores, a transição do século XX para o XXI foi marcada por um apagamento ou neutralização do cidadão comum, onde as participações sem intermediação das instituições tendem a ser erráticas e a produzir ruídos que interferem e podem interromper o fluxo de conteúdos entre os debatedores. Mecanismos como a exposição seletiva, redes egocêntricas de manifestações e efeito de reforço são desafios para o processo de formação da Opinião Pública. As novas estruturas reforçaram comportamentos já existentes. Alguns foram apagados, outros ganharam destaque.

2.1. O papel dos ambientes comunicacionais no debate público do século XXI

A heterogeneidade de conteúdos e grande número de fontes têm levado a uma crescente desigualdade entre aqueles que buscam informações sobre temas de interesse público e aqueles que destinam atenção a conteúdos imagéticos e para entretenimento. Além dessa diferença, existe uma segunda, que é entre os que optam pelos conteúdos relacionados a temas públicos e os decidem dar mais atenção a conteúdos ligados a valores e crenças da dimensão privada. Essa fidelidade na relação entre integrantes do público e algumas fontes de informação é explicada pelo chamado "Efeito de Reforço". Apresentado por Lazarsfeld, Bererlson e Galdet (1944), trata-se de uma espécie de mobilização ou persuasão de baixo alcance. Em outras palavras, ao invés dos meios de comunicação moldarem as posições sobre temas públicos com seus conteúdos, são os integrantes do público que buscam os conteúdos que mais se aproximam de uma justificativa ou reforço de sua posição individual sobre o tema. É evidente que o efeito de reforço só tem impacto significativo no debate público quando há diversidade de fontes de opinião. Na situação inversa, o custo para expressão de uma opinião contrária à percebida nas poucas opções de meios de comunicação se tornará muito alto e impedirá qualquer tentativa de não reforço de crenças e opiniões já estabelecidas.

A diversidade de fontes de informação, somada à competição por espaço destinado a temas que não são de interesse público e ao efeito de reforço, leva a pelo menos duas consequências que ajudam a entender o debate público na atualidade. O primeiro, identificado por Glaeser e Sunstein (2009), é aquele em que o público perde uma base comum necessária como ponto de partida para entrar e se manter em um debate público com consequência. Sem base comum o debate é inconsequente, pois não permite chegar a um consenso sobre os temas discutidos. Nesses casos falar em busca de consenso é inútil. A segunda, consequência da primeira, é que a fragmentação das audiências e fidelização de acesso a poucos canais e fontes, reduz o tempo destinado às discussões face a face, o que levaria a uma sensação de insegurança e alimentaria o extremismo das posições individuais em espaços públicos. Por isso que nem sempre os mais interessados em informação sobre temas públicos apresentam maior racionalidade e ponderação em suas posições. Não raras vezes o efeito de reforço é tão grande que a radicalização se justifica pelo volume de conteúdo acessado, ainda que de uma ou poucas fontes.

A exposição seletiva leva a um conjunto de escolhas que passam a ser repetidas ao longo do tempo, fazendo com que o integrante do público cada vez mais se radicalize em relação a determinados temas. É uma ação direta que leva o indivíduo a determinado conteúdo que acaba se transformando em única opção. Mutz e Young (2011) lembram que é importante diferenciar exposição seletiva ativa e exposição seletiva passiva. A primeira acontece quando o indivíduo ativamente escolhe uma ou algumas das muitas alternativas de fontes de informação sobre determinado tema público com base em suas próprias preferências, transformando a informação obtida em um apoio à posição pessoal. A segunda, passiva, acontece quando fatores externos à própria escolha individual levam a um padrão específico de exposição aos mesmos conteúdos. Na maior parte das vezes, a exposição seletiva passiva é resultado do desejo de fazer parte do grupo e, secundariamente, apresentar uma posição ou opinião sobre tema público. Assim, a visibilidade da aceitação de determinadas fontes ou conteúdos passa a ser tão importante quanto a própria fonte. Uma parte do público escolherá se expor à fonte pelo seu conteúdo, de maneira voluntária, mas outra parte o fará pela visibilidade da relevância da fonte e será exposto involuntariamente ao conteúdo. Dada a impossibilidade de escolha, a exposição seletiva involuntária pode ser mais importante para o resultado do debate do que a exposição seletiva voluntária.

A concentração de tráfego online em pequeno número de portais e, mais recentemente, o desequilíbrio entre grande número de seguidores de um pequeno número de páginas em redes sociais *online* em comparação com a imensa maioria de páginas com poucos seguidores são indicativos de que a pluralidade numérica de fontes não equivale à diversidade de conteúdos esperada para alimentar um debate público. O efeito de reforço mais a exposição seletiva voluntária e involuntária são os pontos de partida para os algoritmos digitais direcionarem ainda mais o tráfego para um número reduzido de sítios eletrônicos com muito mais acessos. É um processo que se retroalimenta, aumentando a desigualdade de condições entre diferentes visões sobre temas que estão em debate público e, contribuindo para a radicalização.

Outro conceito clássico retomado no século XXI para explicar os fenômenos ligados ao processo de formação da Opinião Pública é o de "redes interpessoais". Em estudo seminal, "*Personal Influence*", Katz e Lazarsfeld (1955) propõem que uma variedade de ações pode ser induzida a partir de relações interpessoais, o que implica na avaliação de quais conteúdos acessar. Então, redes interpessoais podem apresentar custos altos para a expressão de determinada opinião que é identificada como negativa ou contrária para a maioria dos integrantes das redes interpessoais. O desejo de se manter no grupo ou a lealdade interpessoal costumam ser mais relevantes do que a vontade de expressar uma opinião ao público. Com o tempo, a opinião da rede interpessoal passa a ser identificada como a opinião individual de cada integrante do grupo.

A importância das redes interpessoais para entender o processo de formação de Opinião Pública cresce com o advento da pós-*web*[14] e surgimento do ecossistema de comunicação digital. No século passado, o conceito aplicava-se a redes físicas, face a face. Hoje, os ambientes digitais oportunizam a criação de redes interpessoais sem contato físico, porém, com maior frequência e intensidade. Integrar determinado grupo em ambientes digitais gera uma identidade. É estar junto com as mesmas pessoas 24 horas por dia, sete dias por semana. Integrar um grupo fechado, portanto, destinado a poucos que pensam

---

[14] Para uma discussão sobre o conceito de pós-*web* e sua aplicação, ver Gomes et al (2009).

de forma similar é algo que ganha uma força até então desconhecida para a manutenção de determinadas opiniões individuais e reforço de comportamentos, não raramente extremados. As redes interpessoais digitais, muitas delas com aporte financeiro e técnico que as distancia de redes autônomas, recomendam determinados conteúdos a seus seguidores, reduzindo a heterogeneidade de informações para a formação das opiniões.

No início do século XX, Walter Lippmann desenvolveu estudos seminais sobre os meios de comunicação e a formação da Opinião Pública. A preocupação dele era com o papel da opinião para a democracia. Se os meios de comunicação conseguissem distorcer a Opinião Pública, isso seria um problema para a democracia ao invés de um elemento de estabilização dela (Lippmann, 1995). Ele não desconsidera a importância dos meios de comunicação para a formação de uma identidade social e para a própria educação cívica. É um dos primeiros trabalhos a chamar atenção para a diferença entre liberdade de opinião e qualidade da opinião. Lippmann era um elitista, ele não acreditava no pluralismo, considerava que a diferença entre o nível informacional dos debatedores teria impacto direto na qualidade da Opinião Pública. Não é que o debate universal seja negativo para a qualidade da opinião, mas, quanto maior o número de participantes ativos, mais provável que exista desigualdade de informações entre eles.

O jornalismo profissional, no início do século XX, deveria cumprir o papel de reduzir as desigualdades informacionais do público, mas isso só se dava do ponto de vista normativo. Na prática, os meios de comunicação não eram apenas espaço para circular conteúdos na forma de notícias, também desempenhavam o papel de atores com interesses e visões de mundo que favorecem uma parte e nunca todo o debate público (LIPPMANN, 1995). E, mesmo que fosse apenas espaço, ainda haveria a barreira econômica e cultural excluindo parcela significativa da sociedade do acesso a seus conteúdos. Do ponto de vista normativo, a disponibilidade de informações e liberdade de opinião nos jornais aumentaria a qualidade dos insumos usados pelos integrantes do público para debater e formar suas opiniões. Na prática, a educação promovida pelos jornais destinava-se a apenas uma parcela da população, o que, independentemente dos conteúdos, contribuía por si só para uma desigualdade nos debates e expressão das opiniões.

A consideração dos efeitos práticos do jornalismo para o debate público no início do século XX gerou uma crescente desilusão com a imprensa. Seria difícil transformar o modelo de negócio comercial dos meios de comunicação em um negócio destinado à difusão de informações em favor do público e não do próprio negócio (LIPPMANN, 1995). Não haveria como responsabilizar jornalistas pela qualidade do debate público quando os próprios profissionais tinham uma origem social muito homogênea e passavam por um processo de aculturação profissional que limitava, ao invés de ampliar, o conceito do papel da notícia no debate público. Assim, não raras vezes o que parte do público recebia de informações noticiosas sobre um tema qualquer não coincidia ou complementava suas experiências pessoais com aquele assunto. E, nesses casos, sempre a experiência pessoal se sobrepõe ao conteúdo noticioso. Os apontamentos de Lippmann (1995), um século antes do surgimento do ecossistema de comunicação digital, ajudam a entender como o determinismo tecnológico é equivocado para explicar os comportamentos no debate público.

Apesar da pertinência conceitual das críticas de Lippmann, hoje o objeto da crítica já não faz sentido. O jornalismo profissional, aquele resultante de uma aculturação profissional forte e homogênea não existe mais. O sistema de comunicação comercial, como descrito por ele no início do século XX, representado por grandes conglomerados industriais e comerciais, praticamente desapareceram. Foram substituídos por um pequeno número de experiências pessoais, quase de fundo de quintal, bem-sucedidas em termos de atenção do público em ambientes digitais. O cenário atual é mais negativo para o modelo normativo do debate público do que o descrito por Lippmann (1995) no século passado.

O processo de formação de opiniões individuais sempre passou pelas etapas de coesão e contágio. Isso implica em reconhecer que o papel das relações face a face tem relevância para a formação das opiniões. Há quase um século, resultados de pesquisas vêm apontando para a importância das características individuais e de relações dentro de grupos primários em contraposição com a ideia de que os meios de comunicação de massa são capazes de conformar opiniões individualmente.

Lazarsfeld, Berelson e Gaudet (1944) foram os primeiros a demonstrar empiricamente que o efeito direto dos meios de comunicação de massa sobre as opiniões de eleitores norte-americanos era menor do que se acreditava até então. Eles apontaram a existência do que se costumou chamar de "líderes de opinião", que estão mais próximos cidadão comum do que dos meios de difusão de conteúdos e informações. Para os autores, os conteúdos e opiniões sobre temas de interesse público saíam dos rádios e jornais, chegavam aos líderes de opinião e estes retransmitiam aos integrantes menos ativos do público, depois de reformularem parcialmente os conteúdos. Pouco tempo depois, Merton (1949) desenvolveu o conceito de "líder de opinião cosmopolita" diferenciando-o de "líder de opinião local". O primeiro é aquele que insere no grupo de liderados temas e opiniões sobre assuntos mais distantes e menos presentes no cotidiano do grupo. O segundo é o líder de opinião que tem centralidade na difusão de conteúdos sobre temas mais comuns para o público. O segundo depende de uma vivência mais próxima da realidade do liderado. O primeiro, não. Essa divisão implica no reconhecimento de que um líder de opinião não consegue manter uma relação de transmissão de opiniões a seus liderados para todos os temas. Quem determina a posição de líder é o conjunto de liderados, reconhecendo-o como alguém com mais informações e melhores condições de transmitir opinião sobre um tema público. Essa definição é feita também em função do assunto e não apenas pela relação emocional ou institucional com entre líder e liderado. A identificação do papel de intermediador na formação de opinião foi materializada no conceito "*two-step-flow*", presente nos estudos de meados do século XX.

A maior atenção para as relações entre líderes e liderados no público abriu espaço para o desenvolvimento de explicações à formação e manutenção desse tipo de relação. Foi então que se passou a dar atenção para a manutenção de grupos de discussão e formação de opinião coletiva. O termo "coesão" é usado para mostrar a força da relação entre integrantes de um mesmo grupo social que se identificam como iguais. E os grupos crescem quando a coesão é transmitida pelo "contágio" que se dá nos processos de comunicação (BURT, 1999). O contágio é resultado da transmissão de informações entre líder e liderados e, quanto maior ele for, mais forte será a coesão entre eles. Além disso, as relações entre liderados de um mesmo grupo são mantidas constantes quando há contágio por "equivalência". A equivalência ocorre se houver reconhecimento de similaridade de posições e opiniões prévias entre os liderados de um público. Quanto maior a equivalência entre membros de um público, maior a possibilidade de eles externarem suas opiniões, inclusive para os que não fazem parte do grupo primário mais próximo.

A formação de um público por coesão pode ser explicada pela proximidade emocional, o tempo de duração e a frequência dos contatos entre eles. As relações entre integrantes de um público e um líder de opinião se dão por coesão. Já a relação entre integrantes de grupos distintos só se estabelece quando há "equivalência" de posições sobre o tema. Quanto maior a proximidade emocional, duração e frequência de contatos, mais consistentes as opiniões. Ao contrário, também é possível encontrar conexões fracas entre integrantes de um mesmo grupo ou de diferentes grupos primários. O mais comum é que alta coesão leve a contágio de posições, mas não leva a equivalência. Além disso, é possível que situações de equivalência entre grupos resulte em maior coesão (BURT, 1999). O mais importante é que o contágio entre pessoas do público nunca é espontâneo, ele se dá de forma interessada e sistemática usando coesão e equivalência como ferramentas.

O líder de opinião não desempenha seu papel apenas quando está em relação direta com seus liderados. Ele também conta com efeito de contágio interpessoal entre os liderados do grupo. Para isso é preciso que liderados mantenham contato permanente entre si e não apenas entre eles e o líder de opinião. Nesse sentido, líderes de opinião são transmissores duplos de opiniões. Primeiro, porque influenciam os que estão diretamente em contato com eles e em seus grupos de liderados por contágio. Depois, pelos contatos por equivalência entre integrantes de diferentes grupos que retransmitem as opiniões do líder para outros grupos. Assim, o modelo explicativo "*two-step-flow*" é composto por dois mecanismos complementares. Um deles é o contágio por "coesão", quando um líder de opinião entra em contato com determinado público. Esta opinião tem origem nos conteúdos que o líder recebeu dos meios de comunicação. O outro é o contágio por "equivalência", quando os conteúdos são incorporados por integrantes do grupo ou de diferentes grupos que podem se identificar em relação a um tema, mas não em relação a outros assuntos.

O desenvolvimento do conceito de líder de opinião se deu em um cenário onde as pesquisas buscavam identificar o real impacto dos meios de comunicação de massa sobre a Opinião Pública. Em meados do século passado, os meios de comunicação que podiam impactar sobre o debate público eram os impressos e os eletrônicos, com vantagem dos segundos (rádio e televisão) na penetração em todos os grupos, inclusive aqueles menos habituados à leitura. Por isso, a figura do líder de opinião logo foi dividida em dois grandes grupos, os chamados líderes horizontais e os líderes verticais. Os horizontais são aqueles mais próximos aos liderados e identificados como parte integrante do público, normalmente equivalem ao líder local. É a liderança da comunidade de moradores de determinada localidade ou rua, o líder religioso de determinado município ou o presidente do sindicato ou associação de classe para os filiados à entidade. Os líderes verticais são aqueles que conseguem influenciar pelo contágio, mas não estão fisicamente próximos dos liderados, embora exista algum tipo de coesão entre eles. Nesse caso, a liderança depende de presença constante nos meios de comunicação de massa para estabelecer a relação e dar início à coesão – é mais próximo do líder cosmopolita.

Por motivos óbvios, esses conceitos consideravam uma relação predominantemente unidirecional entre líder vertical e liderados, pois é essa a característica do sistema de comunicação de massa de meados do século XX. No século XXI precisamos considerar que o ecossistema comunicacional gerado pelos ambientes digitais altera significativamente o tipo e a intensidade da relação. Agora, em ambientes digitais, líderes são aqueles que conseguem produzir e fazer circular de forma permanente conteúdos que chegam até os liderados. Quase nunca essa capacidade é individual, já que depende de estruturas de grupos de interesse para manter e financiar o impulsionamento de conteúdos. Além disso, no ecossistema de comunicação digital do século XXI, a relação é menos unidirecional entre líder e liderados. Agora, os integrantes do público conseguem retransmitir conteúdos que recebem do líder para outros liderados, para membros de outros públicos e, até mesmo, dar respostas diretas ao próprio líder, mesmo que ele seja cosmopolita. Essa multidirecionalidade de circulação permite aos líderes uma modulação constante dos conteúdos, visando atender as demandas de seus liderados e estimular que eles repliquem os conteúdos, por equivalência, a outros públicos. Não é que o líder de opinião vertical tenha desaparecido ou foi substituído por modelos de inteligência artificial. Ele se transformou, está mais interativo e apelativo emocionalmente para gerar coesão com seus liderados.

O ecossistema de comunicação digital oferece ferramentas para um novo ator no debate público, aquele que antes de contar com posição institucional de destaque adota um comportamento de expressão de conteúdos, (re)publicando informações e opiniões que circulam em diferentes plataformas digitais, influenciando o debate. Esses atores desempenham um papel cada vez mais central na formação e reforço de narrativas públicas sobre temas de interesse social e, muitas vezes, transformam-se em uma nova modalidade de líderes de opinião – aquele que criam, reciclam e fazem circular conteúdo em ambientes digitais. Para Barnidge, Ardevol-Abreu e Zuñiga (2016), os ambientes digitais oferecem condições para maior participação colaborativa na coprodução de conteúdos e opiniões com baixo custo em comparação com o sistema tradicional de produção e distribuição de informações.

Por outro lado, o comportamento expressivo em ambientes digitas requer contribuições criativas e conhecimento técnico de como funcionam os mecanismos de busca e direcionamento de audiências nesses espaços. Em boa medida, os integrantes do público que desenvolvem um comportamento de expressão de conteúdos o fazem como uma reação à circulação de informações de fontes externas a seus grupos e cujo conteúdo contraria sua visão de mundo. O comportamento de expressão em redes digitais é uma reação, ou "ação corretiva", que visa combater opiniões que desagradam. Aqui aparece outra diferença em relação aos líderes de opinião do século passado: os debatedores com comportamento expressivo de conteúdo agem por identidade social em reação a outras opiniões sobre o tema, ou seja, são posições negativas ao comportamento presente nos espaços públicos e não buscam influenciar os liderados em favor de uma posição sobre o assunto (BARNIDGE; ARDEVOL-ABREU; ZUÑIGA, 2016).

Uma função complementar dos comportamentos de expressão de conteúdos é evitar o isolamento no debate público. A expressão de conteúdos torna uma posição ou grupo defensor dela visível no espaço público e, com isso, evita a espiral do silêncio nos espaços públicos. A expressão de conteúdos tem o papel de correção do debate, persuasão dos debatedores de outras posições e representação da própria posição sobre o tema. Por esses motivos ela passa a ser central para a formação de Opinião Pública em sociedades com complexos ecossistemas de comunicação digital.

Mas qual mecanismo individual explicaria a radicalização do debate pelo comportamento de expressão? É o que se chama "efeito de remetente", identificado em ambientes digitais com mais força do que nos meios de comunicação tradicionais (PINGREE, 2006). Ele indica que, ao criar e disseminar mensagens com o mesmo conteúdo e formatos distintos para conseguir chegar a diferentes públicos, aquelas informações exercem um efeito de reforço tão grande no remetente quanto no público a que se destina. Em outras palavras, o criador de conteúdos tende a radicalizar cada vez mais conforme passa o tempo como remetente de informações sobre determinado tema (PINGREE, 2006). Um achado interessante das pesquisas sobre o efeito de remetente é que o comportamento de expressão de conteúdo tende a estar mais presente em redes sociais heterogêneas, principalmente as *online*. Pesquisas indicam que em ambientes digitais a exposição a pontos de vista opostos ao do participante no debate tende a aumentar a polarização. Esse efeito se dá principalmente quando os temas estão mais diretamente relacionados à disputa político-partidária (BAIL *et al.* 2018). A polarização no debate público do século XXI está menos relacionada aos temas propriamente ditos e mais às posições de grupos com características distintas que são representados por líderes que expressam conteúdos em ambientes digitais e, dadas as condições de participação, tanto líderes quanto liderados, com o tempo, tendem a desenvolver o efeito remetente em suas participações.

2.2. Impacto da exposição seletiva, dos filtros e do efeito de reforço

O tema da exposição seletiva a conteúdos que circulam em espaços públicos está presente nas discussões sobre Opinião Pública há mais de 80 anos, desde que os estudos da Universidade de Columbia, nos anos 1940, começaram a explicar o baixo efeito persuasivo direto dos meios de comunicação para a formação de opiniões. A questão da exposição seletiva ganhou novo impulso no século XXI com a multiplicação de canais e fontes de conteúdo para além da televisão, rádios, jornais, a internet e os ambientes digitais (MUTZ; YOUNG, 2011). A nova ecologia midiática gera diferentes efeitos sobre o debate. Ainda no século XX, defendia-se que essa realidade fortalecia uma cultura participativa e empoderava cidadãos comuns que deixariam de fazer parte de uma audiência passiva da televisão (LAWSON-BORDERS, 2006).

No início da aplicação do conceito de exposição seletiva, uma contribuição importante foi apresentada por Freedman e Sears (1965), ao defender que esse tipo de exposição diz respeito aos efeitos do processo comunicativo. De acordo com a proposta deles, determinado conteúdo tem mais efeito para os que concordam de alguma forma com o tema. Estes que escolhem se expor ao conteúdo, o interpretam e adaptam a seus próprios valores. Como esse processo de adaptação é mais rápido e menos custoso quando há um grau de concordância inicial alto, o processo de seleção equivale a um atalho, reduzindo tempo e custos de acesso a informações.

Quanto maior a seletividade na exposição a conteúdos, mais consistentes as opiniões iniciais dos integrantes do público, o que aumenta a dificuldade de mudança nas opiniões consistentes. Os mecanismos psicológicos de defesa contribuem para a manutenção de uma posição quando ela é confrontada, ainda que com fatos da realidade discordantes das opiniões prévias. Para evitar desconfortos, a exposição voluntária é altamente seletiva. As pessoas buscam informações que apoiam ou reforçam suas crenças e evitam aquelas que as contestem (FREEDMAN; SEARS, 1965). A exposição seletiva já tinha sido usada para explicar o sucesso da comunicação de massa no século XX e agora também se aplica à comunicação digital do século XXI, com a diferença da intensidade.

Qualquer integrante do público que tenha liberdade para escolher entre diferentes fontes disponíveis de informação tenderá a optar pelas que reforçam suas opiniões iniciais ao invés de informações que as questionem. Em muitos casos, independente da vontade individual, os integrantes do público são desproporcionalmente expostos, de maneira involuntária, a informações concordantes. É preciso sempre considerar a diferença entre exposição voluntária e involuntária para identificar os reais efeitos da decisão individual no acesso a conteúdo concordantes, como discutido anteriormente. Pessoas com acesso a informações a partir de grupos homogêneos em redes sociais *online* tenderão a ser expostos involuntariamente a conteúdos que ao mesmo tempo concordam com as opiniões iniciais e as conformam para posições futuras.

Freedman e Sears (1965) lembram que há um complexo conjunto de fatores e ações para explicar a maior parte dos casos de seletividade, incluindo variáveis externas e não apenas um desejo de buscar informações de apoio. A principal forma para redução da exposição seletiva é pelo enfraquecimento dos mecanismos psicológicos usados pelos integrantes do público para resistirem a mensagens que confrontam suas opiniões. Uma das estratégias mais comuns para aumentar a exposição seletiva, voluntária e involuntária, é a desqualificação das fontes de informações que confrontam a posição inicial. Então, por exemplo, pessoas que têm aversão ao termo abstrato "comunismo" são levadas a crer que as fontes que produzem informações contrárias às opiniões iniciais dela sobre qualquer tema são ligadas ao comunismo ou simplesmente comunistas. Pouco importa o significado do termo e a sua aplicação. O relevante aqui é a etiqueta negativa. Com isso, mecanismos psicológicos de defesa impedem que conteúdos sejam acessados ou considerados na formação de uma opinião, visto que a fonte não é confiável. Uma forma para reduzir essa exposição seletiva é combater os mecanismos psicológicos que desqualificam as fontes de opiniões distintas da sua.

As principais conclusões sobre a exposição seletiva voluntária e involuntária são: 1) pessoas comuns são expostas a quantidades desproporcionais de informações concordantes; 2) pessoas preferem ser expostas a conteúdos concordantes em oposição aos discordantes por uma questão de economia processual; e 3) a confiança nas fontes de informações concordantes é o principal fator para continuidade da exposição seletiva voluntária.

Não resta dúvida do empoderamento do público comum, da sua participação mais ativa nas conversações e da queda drástica da relevância dos meios de comunicação tradicionais para direcionar o debate público. No entanto, junto a todas essas mudanças, que a princípio parecem positivas, vem também o não reconhecimento da centralidade de instituições públicas e Estatais na Opinião Pública. A consequência é que pessoas empoderadas, mais ativas, menos limitadas pela influência dos meios de comunicação tradicionais e que não dão valor a instituições públicas tendem a usar essa força criativa não para fortalecer os espaços de debate, mas sim para combatê-los, principalmente os espaços onde circulam conteúdos distintos de suas próprias crenças.

É a forma como a liberdade e o empoderamento do público está sendo usada que gera problemas e crises democráticas e não o fortalecimento propriamente dito do cidadão comum nos espaços públicos. Esta forma de uso do empoderamento produz fragmentação e redução da coesão social, baixos níveis de esclarecimento público, centralização de interesses de grupos específicos, inércia e declínio no engajamento político tradicional. As formas institucionalizadas de engajamento, via entidades representativas de classe, partidos políticos ou sindicatos são substituídas por grupos não institucionalizados, formados e estimulados em ambientes digitais e que não reconhecem a legitimidade das formas tradicionais de participação no debate público.

Entre os supostos ganhos para o debate público no século XXI, cujos efeitos não foram preditos, está a diversidade de fontes de informação. Meio século atrás, as explicações para o déficit de participação e baixa qualidade do debate eram que os integrantes do público tinham limitadas fontes de informação sobre os temas. De acordo com essa abordagem, a solução para o baixo esclarecimento formal dos integrantes do público passaria, obrigatoriamente, pela proliferação das fontes de informações, não apenas em termos quantitativos, como também qualitativos, substituindo a objetividade padronizada das notícias produzidas profissionalmente por uma diversidade de visões de mundo, expressas de forma mais livre. Com o advento da internet e sua substituição pelo ecossistema dos ambientes digitais, os integrantes comuns do público ganharam espaço para expor seus argumentos ou compartilhar opiniões que estão próximas das deles (MUTZ; YOUNG, 2011). O problema não está nas novas capacidades das ferramentas disponíveis aos integrantes do público, mas no uso desses instrumentos para confrontar o público às instituições que tradicionalmente organizam a sociedade. E esse sintoma é mais agudo e grave em sistema democráticos, nos quais as instituições são, por origem, passíveis de críticas.

Já sabemos que os temas para formação da Opinião Pública são aqueles ligados ao interesse público, não ao mundo privado. Se o crescimento da oferta faz aumentar o volume de conteúdos de caráter privado, isso não contribui para o debate público. Quando se fala em exposição seletiva é preciso considerar que o integrante do público toma duas decisões que levam à seleção. A primeira é se ele dará atenção a um conteúdo público ou não. Ele pode estar permanentemente conectado a fontes de informação, mas buscar apenas conteúdos de entretenimento ou vinculados ao ambiente privado, por exemplo, *reality shows*. O tempo ocupado com esse tipo de conteúdo não contribui para a formação de um debate público informado e racional, ao contrário, os torna mais intolerantes e com menos paciência para discutir temas de interesse público. Se a limitação de canais de informação, no passado, era uma barreira para a formação do debate público, o grande número de fontes de conteúdo, no presente, também o é. Mas uma vez decidido acessar informações sobre temas de interesse público precisa-se tomar a segunda decisão, que é escolher qual canal acessar. Os integrantes do público tendem a desenvolver relações de empatia e, depois, fidelidade a determinados canais que replicam visões de mundo próximas das do público que os consome. Assim, mesmo com muitas opções para informação política, a escolha tende a ser por um ou poucos canais com opiniões e visões de mundo parecidas.

Como a Opinião Pública tem origem no indivíduo, com um caráter psicológico que não pode ser desconsiderado na sua interpretação, a abordagem pelo individualismo metodológico, como proposto por Boudon (1994), é útil para os contornos iniciais do fenômeno. Por essa abordagem, os comportamentos individuais explicam fenômenos sociais. Uma das mais conhecidas escolas da explicação microssociológica é a Teoria da Escolha Racional, para a qual Boudon (1994) apresenta uma série de restrições. No lugar, ele propõe uma "Teoria da Racionalidade Ordinária", ou racionalidade cognitiva, para explicar o comportamento humano quando há algum princípio universal de auto interesse, ou seja, trata-se também de uma abordagem microssociológica. Por isso, a proposta de Boudon (1994) é útil à análise do processo de formação da Opinião Pública. Para ele, a opinião nasce no indivíduo que decide participar do debate público e influenciar os demais, ou seja, aqui a ação individual é por autointeresse.

Em processos de formação da opinião, os integrantes do público carregam um conjunto de informações e opiniões prévias sobre o tema em debate. A posição que adotam é, portanto, justificada cognitivamente dado determinado contexto, mesmo que existam poucos motivos para a manutenção da opinião em outros cenários. O princípio básico da Teoria da Racionalidade Ordinária é que, em contextos cognitivos específicos, ou seja, dadas determinadas condições informacionais, as pessoas sempre têm boas razões para fazer o que fazem ou para acreditar no que acreditam. Assim, por exemplo, homens são levados a tomar posição radical a favor ou contra o aborto, mesmo sabendo que nunca passarão por uma experiência real de tomada de decisão individual sobre o assunto. Pela racionalidade ordinária, eles acreditam que a posição individual a respeito da legislação sobre o aborto tem um valor em si mesmo, que é a primeira razão cognitiva; e que a opinião em uma direção é melhor do que a da outra direção para toda a sociedade, inclusive para as mulheres em idade fértil. A Teoria da Racionalidade Ordinária pode ser resumida em uma teoria da escolha racional que considera limitações cognitivas para a tomada das decisões e, mesmo assim, apresenta racionalidade.

Como crítico à teoria da escolha racional, Boudon (1994) defende que nem todas as ações humanas são instrumentais e que entre as instrumentais, nem todas são guiadas pelo critério de maximização de utilidade. Além disso, ele lembra que a teoria clássica da escolha racional não considera sentimentos e valores sobre os quais as ações se sustentam para chegar a um determinado objetivo. Em sua Teoria da Racionalidade Ordinária, os fins objetivamente válidos são guiados por razões cognitivas e os indivíduos são capazes de perceber quais as boas razões a serem adotadas: são aquelas objetivamente apresentadas e percebidas como bens individuais quando se precisa tomar uma decisão. Com isso, é possível explicar o papel das metas, valores e representações das pessoas quando percebem que as consequências para elas são um conjunto de fatores aceitáveis e compatíveis entre si e que, principalmente, não há alternativa melhor àquele conjunto de razões.

Como o processo de formação da opinião tem origem psicológica, mas é resultado de interações sociais e essas interações são formadas por embates entre posições a favor ou contra determinado tema público, a consequência natural é a formação de *clusters* sociais das opiniões expressas publicamente. Nesse sentido, é aceitável que fatores compatíveis para a tomada de uma posição sejam apenas os relacionados às posições sobre o tema. Integra a racionalidade ordinária a preferência por uma opinião expressa publicamente pelo simples motivo dessa opinião ser declarada por indivíduos portadores de determinadas características não relacionadas diretamente ao debate. Voltando ao exemplo do aborto, a racionalidade ordinária explica a posição contrária pelo simples fato do portador da opinião não se identificar com as características das pessoas que defendem a ampliação do direito ao aborto. Se uma pessoa se identifica como portadora de valores conservadores e vê liberais defendendo novas regras para aborto, independentemente dos fatos e novas informações, ela consegue justificar sua opinião contrária de maneira rápida e ordinária pela simples identificação de características dos indivíduos que participam do debate e não dos argumentos apresentados por eles.

O que parecem ser falsos sentimentos são compreensíveis quando consideramos a racionalidade ordinária para a tomada de posição em debate público, pois são entendidas como razões coerentes para se aceitar as percepções dos debatedores sobre o tema mais geral. Comportamentos que muitas vezes são considerados irracionais, para Boudon (1994) explicados a partir de aproximações sobre sentimentos fortes frente a ideias fracas ou dúbias. Boas razões para adotar determinado comportamento público podem ser ruins do ponto de vista objetivo, mas ótimas subjetivamente. Quando olhamos para o debate público sobre políticas compensatórias raciais e percebemos pessoas negras contrárias a elas, podemos concluir que objetivamente aquele comportamento seria irracional. Porém, é possível entender a posição subjetiva do negro contrário às políticas compensatórias quando ele, subjetivamente, se identifica menos com os beneficiários da política do que aparenta a cor da sua pele – independente da justificativa pública usada para tal opinião.

Pessoas adotam comportamentos e opiniões públicas a partir de proposições implícitas, não aparentes, que podem distorcer as consequências das razões. Em geral, essas proposições estão na origem psicológica da posição sobre o tema. Um negro pode ser contra políticas compensatórias por considerar que, implicitamente, sua trajetória de vida foi bem-sucedida sem ter o apoio de tais políticas. Um conservador pode ser favorável à ampliação do direito ao aborto por ter na família uma experiência de gestação resultante de estupro. Tanto em um quanto em outro caso, por motivos diferentes, as razões implícitas não são apresentadas junto à manifestação da opinião. O desconhecimento de razões implícitas pode levar a uma visão de inconsistência na opinião (BOUDON, 1994). Ou, da mesma forma, mulheres que sofreram violência machista podem adotar opiniões favoráveis a líderes políticos ou a governos que restringem a igualdade de direitos entre homens e mulheres. A razão implícita aqui pode estar na identificação com mulheres e homens que se posicionam contrários às propostas de igualdade de gênero sem nunca terem passado por tais experiências. A diferença implícita entre as identidades faz com que elas adotem opiniões consideradas irracionais se o sentimento contrário à manifestação coletiva por direitos iguais for maior que a aversão à violência individual sofrida. Em todos os casos, as razões ordinárias explicam o comportamento e as opiniões que, a princípio, pareceriam irracionais.

Um dos principais efeitos do ecossistema de comunicação digital para o processo de formação da opinião é que as publicações *online* reduziram a próximo de zero os custos para produção, replicação e busca de informações. Há um aumento exponencial da exposição seletiva a informações e já chegamos ao ponto em que não existem condições físicas para dar atenção a todos os conteúdos disponíveis. O mecanismo natural em um ambiente de abundância informacional e permanente bombardeio de conteúdos novos é o estabelecimento de algum critério de seleção. Em geral, esses critérios são anteriores às informações disponíveis ou aos temas que entram no debate. Eles são formados por predisposições individuais e pressões de grupos primários ou de identidade social com determinados conteúdos ou fontes. Em seguida, são auxiliados por técnicas automatizadas de direcionamento dentro do ecossistema. Essas técnicas automatizadas de seleção estão diretamente relacionadas a interesses comerciais, de consumo, e não para dar racionalidade ao debate público.

O ecossistema de comunicação digital não foi criado para fins de debate público ou como prestação de serviço à comunidade. Ele existe como um negócio, fruto da evolução do modelo de comunicação industrial do século XX. O uso que as pessoas fazem para "comprar" e "vender" opiniões e comportamentos sobre temas de interesse público é a consequência inesperada, ou o desvio, do sistema. De qualquer maneira, em função desse uso, mecanismos de busca permitem a redução dos custos de acesso ao conteúdo em ambientes de abundância informacional. Custos que foram praticamente zerados com o advento da pós-*web* e a centralidade das redes sociais *online*. Essas redes reúnem pessoas iguais, que pensam de forma similar e que fazem circular informações que reforçam suas posições originais. Com isso, o efeito mais aparente da entrada das redes sociais *online* no espaço de debate público é o crescimento da distância ideológica entre os integrantes do público.

Para evitar o equívoco do determinismo tecnológico, as redes sociais *online* facilitam determinado comportamento de seleção, porém, não obrigam a tomada de decisão. Assim como é fácil buscar comunidades com o mesmo pensamento ou fontes de opiniões similares, os integrantes do público podem usar, de forma ativa, as mesmas ferramentas para acessar diferentes pontos de vista sobre o tema em debate ou procurar especialistas em cada assunto a que é estimulado a opinar. No entanto, é mais econômico e psicologicamente confortável usar os mecanismos para buscar comunidades com opiniões similares à sua antes de se posicionar publicamente. É o que Glaeser e Sunstein (2009) definiram como "câmaras de eco", onde os integrantes do público são intensamente expostos a opiniões similares à que já possuem.

Os mecanismos de busca, agregadores de conteúdos e grupos semipúblicos em redes sociais *online* contribuem para a personalização dos conteúdos e criam, por consequência, os chamados "filtros bolha" (FLAXMAN; GOEL; RAO, 2016). Em pesquisa empírica sobre consumo de informações nos ambientes digitais, os autores encontraram uma maior participação de indivíduos que escolhem ler apenas conteúdos que são ideologicamente similares aos dele e raramente se expõem a perspectivas opostas. Ainda assim, há um percentual que busca diferentes fontes, com opiniões opostas sobre temas públicos para se informar (FLAXMAN; GOEL; RAO, 2016). Os resultados encontrados em pesquisas de consumo de informação *online* não são tão diferentes daqueles que se tinha nas preferências a jornais e outros meios de informação no século XX. Não raras vezes, o assinante de um jornal lia o mesmo jornal diário por toda a vida e se identificava mais por oposição aos assinantes de outro periódico do que com aqueles que consumiam os mesmos conteúdos. As câmaras de eco e os filtros bolha não são invenções dos ambientes digitais, estes últimos apenas incluem um contingente maior de pessoas e com mais intensidade de exposição.

2.3. Opinião pública e democracia em crise

No século XXI, a Opinião Pública também sofre as consequências do enfraquecimento do poder do Estado central e da redução de fontes de informação pública na definição da agenda temática, apesar da abundância de fontes no ecossistema de comunicação digital. As novas estruturas de comunicação não apenas substituíram o modelo tradicional do século XX, também englobaram os produtores de conteúdos e opinião das agências estatais, que, antes, eram fundamentais para organizar o debate sobre temas públicos. A hegemonia da transmissão de conteúdos por rádio, televisão, jornais e livros escolares foi abalada pela popularização da internet no final do século XX e praticamente pulverizada na era pós-*web*, onde a hegemonia é exercida pelo ecossistema de espaços e comunidades digitais.

Tornou-se ultrapassada a ideia de uma Opinião Pública formada por integrantes de um coletivo que é delimitado territorialmente e que busca o bem comum dos que se encontram nesse território. Hoje existem redes de comunicação interligadas não limitadas territorialmente, com grande fragmentação (KEANE, 1995). A ideia de uma Opinião Pública formada a partir de um conjunto de temas definido por um grupo pequeno de instituições em um consórcio entre Estado e meios de comunicação é obsoleta. Não se trata apenas de uma pulverização de públicos, que seria uma espécie de remedievalização, mas de públicos que se conectam transversalmente, mobilizados por temas menos materiais e mais abstratos, que permitem a geração de interesse e reação em realidades materiais muito distintas.

A substituição de um sistema centralizado para fornecer insumos ao debate público aumenta o ruído e faz crescer o risco da impossibilidade em entender a diferença entre discussões de temas públicos locais ou subnacionais; temas relevantes nacionalmente e temas internacionais. Eles podem se misturar e, gerar confusão no debate e colaborar para o paradoxo de que o maior volume de informações disponíveis na história da sociedade moderna tem gerado mais apagões do que iluminado as discussões públicas. Como resposta a esta questão, Keane

(1995) propõe uma categorização que diferencia micro, meso e macro espaço público. A microesfera pública é onde se dão os círculos de conversação física, os encontros locais, ou seja, a esfera pública típica habermasiana. Os temas de interesse são limitados e as características do público mais homogêneas. A meso-esfera pública é a mais comum, se dá nos espaços onde há discussão sobre temas de interesse geral, porém, sem a presença física do público. É possível envolver milhares de pessoas que assistem ou leem determinado conteúdo à distância. Temas da micro podem chegar até a meso e se nacionalizarem. A macroesfera pública seria a mais recente. Apresenta um nível global ou se estabelece em regiões que agregam países. Nela são encontrados debates sobre temas da globalização. Muitas vezes assuntos da mesoesfera podem ser alçados à macroesfera por manifesto interesse internacional nas consequências de eventos ou debates que ocorrem em um país. A macroesfera pública é tributária dos sistemas de comunicação mundializados, das redes interconectadas e da velocidade na transmissão de dados internacionalmente, com pouca ou nenhuma barreira econômica ou legal (KEANE, 1995).

Os diferentes níveis de organização do debate público, definidos pelo tipo de tema e número de indivíduos que participam, são apenas para fins explicativos. Na prática, não há espaços isolados e todos os tipos fazem parte de um sistema sobreposto de redes que atuam de forma concomitante. O número de públicos existentes equivale ao número de grupos que mobilizam recursos próprios para interferir no debate buscando persuadir os integrantes de outros públicos. Alguns temas como "regulamentação do aborto" e "pena de morte" mobilizam grandes públicos de maneira quase automática. Outros, como "sistema de alfabetização para crianças em idade escolar" tendem a ter dificuldade para mobilizar atenção de integrantes de outros grupos que não os de especialistas.

Se no século XX a escassez de fontes e a homogeneidade de visão de mundo dos limitados produtores de conteúdos no espaço público era um problema para a qualidade do debate, no século XXI, com situação inversa, o problema da qualidade se mantém. Vivemos tempos de saturação de informações com abundância comunicativa exacerbada pelo ecossistema digital. Uma das consequências dessa abundância informacional em termos de fontes, velocidade de circulação e dos conteúdos é que existe um novo comportamento do público: o de usar parte da energia e tempo do debate para discutir e avaliar os atores ou instituições e não os temas propriamente ditos. A esse fenômeno, Keane (2009) chama de "democracias monitórias". Essa democracia seria um novo tipo, que é caracterizada pelo rápido crescimento de mecanismos extraestatais de poder de fiscalização. A Opinião Pública, como parte desses processos, não está livre de transformações. Se antes desempenhava o papel de produzir condições para escolhas de representantes públicos (em eleições) e para decisões dos representantes públicos em relação a temas de interesse geral (em debates parlamentares), agora ela tem o papel de fiscalizar e punir com os instrumentos de que dispõe as instituições e os representantes públicos.

Até a abundância informacional que permite o surgimento da democracia monitória, por exemplo, se o tema do debate público fosse a questão do meio ambiente, as discussões seriam feitas sobre o tema em si. Haveria conteúdos e opiniões favoráveis a argumentos mais preservacionistas, com mais controle do Estado em áreas de preservação etc. Também haveria conteúdos e opiniões contrários ao preservacionismo, indicando os ganhos econômicos e de desenvolvimento social com a abertura de novas fronteiras agrícolas para o país. Enfim, a discussão se desenvolveria a partir desses dois pontos principais, produzindo novos argumentos e críticas a favor e contra cada um dos lados. Em ambientes de democracia monitória, a opinião pública necessariamente destinará parte de seu tempo e energia não para discutir o tema propriamente dito, mas para fiscalizar e criticar agentes públicos e instituições responsáveis pela política ambiental. Essas instituições serão criticadas ou elogiadas pela ação ou inação em favor ou contra a preservação ambiental. Quanto da força social é destinada a monitorar as instituições depende dos interesses dos integrantes do público, do tipo de ação das instituições e dos agentes responsáveis pela política que está em debate. No limite, na democracia monitória, todo o debate sobre meio ambiente pode ser substituído por um debate sobre a qualidade das leis, políticas e instituições ligadas à área ambiental, com críticas ou elogios ao Ministério do Meio Ambiente e órgãos correlatos a ele.

É uma nova função do debate público, onde temas cedem espaço para fiscalização pública e informal dos agentes políticos responsáveis pelos assuntos. As formas de representação, de prestação de contas e participação no debate público são alteradas profundamente com as novas instituições de controle reconhecidas nas democracias representativas. O crescimento na força de monitoramento dos integrantes da opinião pública resulta em uma ineficiência das formas tradicionais de organização do debate público, pois cada integrante do público tem interesses, que se organizam em diferentes formas com distintos grupos que geram múltiplas vozes e representações (KEANE, 2009). O debate público não se faz mais de forma independente de redes cujo papel principal é fiscalizar instituições sociais ao invés de defender posições em relação a determinado tema. A fiscalização contínua que substitui o debate temático é espaço fértil para a proliferação de escândalos. O escândalo como pauta do debate público existe desde sempre, não é uma novidade. O que há de novo agora é que uma das formas de monitorar, criticar ou desqualificar instituições ou agentes públicos é a partir de escândalos envolvendo responsáveis por instituições (KEANE, 2009). Além da consequente ruína na imagem pública das instituições e, no limite, de todo o sistema democrático representativo, o monitoramento constante nos espaços públicos pode servir como ponto de partida da manipulação.

Por outro lado, considerar a derrocada da democracia representativa como consequência direta do debate público monitório seria um equívoco. Quando o monitoramento encontra bons resultados políticos de instituições e representantes públicos em determinada área, a tendência é de um ciclo virtuoso de debate público em apoio ao bom trabalho de agentes públicos que, em consequência, fortalecem as instituições representativas, pelo menos enquanto os resultados forem consistentemente aceitos pelo público. Se, por outro lado, o monitoramento é usado por grupos de interesse dispostos a enfraquecer e deslegitimar representantes e instituições públicas, necessariamente seu papel será negativo para a democracia representativa. Segundo Keane (2009), um dos efeitos mais perversos das práticas de democracia monitória é o encorajamento dos integrantes do público a abandonar a complexidade do mundo, escondendo-se ou participando cinicamente das ondas de opinião formadas por escândalos permanentes. Lembra o autor que tolices, cinismo e desafeição estão entre as principais tentações que os integrantes do público têm enfrentado nas democracias contemporâneas, onde a Opinião Pública é formada em ambientes com abundância de informações e existência de grupos de interesse especializados no monitoramento de instituições.

O século XX começa com uma visão otimista sobre o papel da Opinião Pública para a universalização das democracias representativas. O desenvolvimento tecnológico dos sistemas de comunicação permitiu que mais pessoas participassem e que as participações fossem mais intensas e constantes. A passagem do sistema de comunicação industrial do início do século XX para o ecossistema de comunicação digital do século XXI alterou profundamente a estrutura de participação no debate público. O grande volume de conteúdos e a diversidade de fontes, ao invés de permitir comparações antes da formação de opinião, resultou em uma prática de exposição seletiva que desempenha a função de reforço de opiniões já existentes. A universalização do debate público, ao invés de isolar a influência das crenças pessoais aos ambientes privados, permitiu que as crenças migrassem da esfera privada para a pública, gerando comportamentos inesperados. Nas próximas páginas esses comportamentos são analisados. Eles vão desde características legítimas da forma de participação, como o identitarismo e confiança exagerada nas próprias crenças, difusão em massa de teorias conspiracionistas até a dissonância entre crenças e fatos, que levam o debate público a sua principal disfunção e desafio a ser superado no século XXI.

CAPÍTULO 3

DISSONÂNCIA COGNITIVA COLETIVIZADA: A PATOLOGIA DA OPINIÃO PÚBLICA NO SÉCULO XXI

A Opinião Pública, assim como um organismo biológico, é formada por unidades celulares (os indivíduos), que agrupadas formam órgãos (grupos) com funções específicas (produção, replicação, circulação) e que compõem um corpo mais complexo (o corpo social para produzir a opinião majoritária). Assim como no mundo biológico, no social é esperado que órgãos se adaptem a novas condições ou criem resistência a organismos estranhos ao seu funcionamento. Quando o organismo não apresenta defesas suficientes ou sofre um ataque inesperado de um agente externo e não tem tempo ou condições para se adaptar, desenvolve uma patologia. O que diferencia a adaptação de um organismo para novas condições de funcionamento da patogenia que causa danos? A resposta está na capacidade que o corpo tem para continuar funcionando.

Dadas as condições estruturais nas sociedades digitalizadas do século XXI, os debatedores no espaço público destacam características que eram secundárias até então. Substituem a centralidade da organização dos grupos em bases de valores materiais, que agora são identitários. Também não percebem mais os limites entre as próprias capacidades individuais e as competências necessárias para opinar sobre temas públicos. Ainda assim, o modelo de compartilhamento de informações e opiniões para tomada de posição sobre temas públicos conseguia dar respostas ao sistema democrático. Porém, quando as novas condições impedem a relação entre opiniões e ações para atender determinado interesse, passamos de alterações celulares para uma patologia que atinge todo o sistema de debate público.

3.1. Antes da patologia: os identitarismos

Quando se analisa a forma de organizar o debate público no século XXI é preciso considerar mudanças nas motivações para participar e na formação dos grupos para debater. Os integrantes do público participam do debate como pertencentes a determinado grupo de opinião e eles entendem que o que importa para formar esses grupos é fundamental para compreender o processo de formação da opinião pública. Os motores das identidades coletivas não são os mesmos em tempos ou lugares diferentes. No século XX, por exemplo, tendeu a predominar nos públicos um critério de formação de grupos por valores materiais e capital simbólico derivado deles. As identidades organizadoras dos grupos de debate público eram notadamente relacionadas à distribuição de bens materiais que organizava a sociedade em "classes sociais". A posse de bens imateriais, como educação, cultura e distinção social eram, em grande medida, consequência dos bens materiais, indicando uma covariação entre eles e servindo como capital simbólico que reforça a posse de bens materiais.

A forma como o grupo se organiza permite a criação de visões de mundo representadas por respostas a questões consistentes entre si. A isso dá-se o nome de "ideologia". As ideologias liberal ou conservadora, esquerda ou direita, pró ou contra um tipo específico de organização social são sínteses de um conjunto de questões que levam a uma visão de mundo consistente e em oposição explícita a outras. Essa visão de mundo consistente ao longo do tempo resulta em um "sistema de crenças" que é reforçado nas intergerações pelos integrantes de determinado grupo social (MASON, 2018). O conjunto de crenças forja uma identidade social própria do grupo que compartilha determinada ideologia de forma emocional, ultrapassando os limites da razão. Evidente que essa identidade social terá reflexos na forma de participação dos indivíduos no debate público.

Como as sociedades são formadas por grupos com ideologias distintas, o espaço de debate público é o ambiente ideal para a tentativa de convencimento ou de conversão ideológica através da opinião. É a existência de grupos com visões de mundo diversas, mas igualmente aptos a participarem do debate público, que permite o surgimento de polarização de opiniões e extremismos de posições. Existem diferentes tipos de polarizações sociais, como descrito por Iyengar, Sood e Lelkes (2012) e Mason (2018). A polarização política é mais comum, onde grupos com diferentes identidades vinculadas a discursos, líderes ou partidos políticos se distanciam dos demais no debate público. Para que exista polarização política é preciso que, antes, o público apresente identidades políticas consistentes. Sem isso, o que temos é uma polarização afetiva no debate público, onde os grupos aumentam as distâncias entre si não por uma consistência político-partidária, mas por afeições ou antipatias a líderes ou elementos constituintes de discursos (MASON, 2018). Aqui, a afeição substitui a razão na organização de posições dos participantes do debate público. A polarização afetiva tende a ser mais radical que a polarização partidária, pois ela está dissociada da atualização de informações e opiniões.

A ideologia, tanto partidária quanto afetiva, contribui para a polarização no debate público e isso está relacionado às bases da organização social. No século XX, essas bases foram materiais. Então, a polarização ideológico-partidária era conformada pela distribuição dos integrantes do público nas classes sociais. Pertencer a determinada classe social equivalia a possuir uma quantidade de bens materiais (e simbólicos advindos deles) que comparativamente o distingue de quem pertence a outra classe. Essa divisão material da sociedade se refletia nas organizações político-partidárias e dava contornos aos que integravam o debate público. Grupos com pessoas com mais bens materiais acumulados tendiam a se identificar com determinados partidos políticos, que defendiam uma ideologia que, por sua vez, era identificada pelos integrantes destes grupos como a mais adequada para organizar a sociedade. O mesmo acontecia com grupo com menos bens materiais e imateriais acumulados. As classes sociais perpassavam diferentes características não-materiais que não tinham força suficiente para reorganizar os grupos no debate. Então, um negro rico estava em grupo diferente de um negro pobre, o mesmo acontecendo com os brancos. Um jovem em família com baixo capital social acumulado tendia a se identificar mais com um idoso pobre do que com um jovem rico e assim por diante.

No início do século XXI, por uma série de mudanças no processo de produção e acumulação de bens materiais, o critério de classe social perdeu força na organização de grupos para o debate público. Ele passou a dividir espaço com as identidades sociais, tais como pertencimento a minoria contra maioria, etnia, valores religiosos e outros. Não se trata de substituição ou fim da relevância de valores materiais, mas de uma inversão nas prioridades para definir o grupo de pertencimento. Há uma coincidência forte entre identidades de grupo e bens materiais acumulados. Ainda assim, algumas identidades sociais perpassam as classes sociais, reorganizando os debatedores em novos grupos de prioridades. Como os princípios organizadores dos grupos por critério de identidades são menos centrados em bens materiais acumulados, a polarização nesse novo cenário tende a ser mais afetiva do que partidária. O debate público identitário é mais afetivo e emocional do que racional para discutir as estruturas de privilégios sociais que estão na origem das desigualdades de bens materiais (MASON, 2018). Temos, então, no século XXI, algumas mudanças relevantes no debate público. As principais são novas clivagens sociais, por identidade e não mais por bens materiais, que têm como consequência a substituição da polarização política pela afetiva e a participação no debate ou expressão de opiniões de forma mais visceral.

A polarização afetiva e a organização por critérios identitários dão ao debate público contemporâneo contornos que não estavam presentes quando o tema passou a ser objeto de interesse de cientistas sociais. No passado, o debate público era desde o início temático.

As opiniões se distribuíam no espaço público em função das posições dos indivíduos e seus grupos em relação aos temas. Se o tema em debate era aborto, conservadores se posicionavam contra e liberais a favor. Se conservadores tinham maior acúmulo de bens materiais, eles faziam parte de uma classe social que era identificada como contrária a mudanças nas regras para o aborto.

Em ambientes com debate identitário, a polarização afetiva tende a se sobrepor à distribuição material dos debatedores. Nesses casos, ser contra ou favorável ao aborto perpassa classes sociais e as opiniões são ancoradas em grupos identitários, que podem ter matriz religiosa ou secular. Aqui as opiniões são mais viscerais porque são especificamente sobre a posição do grupo identitário em relação ao tema: os que estão a favor ou os que estão contra aborto. O identitarismo precede o assunto em debate. Então, pertencer consistentemente a uma religião que defende de forma radical a vida a partir do momento da concepção é identificar-se com o grupo que é contra a liberalização do aborto. No sentido contrário, integrantes do público que se identificam com a autonomia de decisão da mulher, presente nas teorias feministas, torna essas pessoas adeptas a uma ideologia que, entre outras coisas, é favorável à liberalização do aborto. Aqui as formas de expressão de uma opinião são mais radicais porque não se está apenas defendendo uma posição sobre determinado tema, mas se garantindo a preservação de seu grupo identitário.

Uma das confusões mais comuns para compreender o comportamento da Opinião Pública contemporânea é utilizar critérios de debate tradicional, organizado por valores materiais, para explicar as decisões assumidas identitariamente pelos integrantes do público. As organizações das disputas entre capitalistas e trabalhadores, ricos e pobres, centrais e periféricos não são mais suficientes para entender os embates radicais entre maiorias e minorias identitárias. Em primeiro lugar, porque o modelo tradicional de organização não dá conta de explicar o crescimento da polarização ideológica afetiva. Segundo, porque os conflitos identitários são mais radicais do que aqueles organizados materialmente. Um pobre tem a expectativa de acumular bens materiais e mudar de classe social, o que lhe estimula a um comportamento mais contido no debate público. Um integrante de minoria identitária, não. Ele só poderia passar a ser maioria se traísse sua origem identitária e não de classe. Assim, agora ele é estimulado a participar do debate público em defesa de suas identidades.

A crescente polarização no debate público é consequência das ações e reações ao identitarismo presente nos integrantes do público. As ações são os ganhos obtidos pelos grupos identitários de minorias em direitos, como mulheres, minorias étnicas ou religiosas, por exemplo, em determinada sociedade. As reações são as tentativas de bloquear os ganhos das minorias no espaço público. Nesse sentido, o crescimento da ideologia de extrema direita no mundo ocidental na última década é entendido como uma reação aos ganhos obtidos pelas minorias identitárias no debate público. Adoção de novas políticas como consequência do debate, como mais direitos e garantias a minorias étnicas e religiosas, igualdade de direitos entre homens e mulheres e política de compensação social a partir de critérios identitários fomentaram a radicalização ideológica afetiva contra essas mudanças, permitindo a organização de grupos para reagir (reacionários) aos discursos identitários originais que ganhavam espaço no debate público. A extrema direita tem se organizado nas mesmas bases identitárias, porém, no sentido contrário: o dos direitos de preservação de homens, brancos, com alta escolaridade e renda, como estabelecido pela "tradição". O debate público atual é identitário por origem, ainda que não dissociado das justificativas de ordem material nele.

O modelo de negócio do ecossistema de comunicação digital, em substituição ao modelo industrial do século XX, estimula ainda mais a divisão ideológica. Como há oferta de conteúdos com visões parciais dos fatos, as pessoas tendem a selecionar as informações que são ideologicamente consistentes com aquilo que elas já pensam (STARR, 2012; GARRETT; STROUD, 2014). A centralidade de determinada visão de mundo no ecossistema de comunicação digital favorece a polarização política e isso contribui para o surgimento de uma esfera pública mais combativa e extremista, onde a relação com parte das fontes é totalmente amigável e com outra parte é de hostilidade. No entanto, a relação amigável dos integrantes do público com parte das fontes de informação é instável. Eles só se mantêm conectados enquanto os meios de comunicação produzem conteúdos esperados pelos grupos com posições mais radicais. Se a fonte de informações questiona determinada visão de mundo, com base em fatos, o mais provável é que o público pertencente a um grupo identitário radical critique o produtor de conteúdo como revisionista ou, não raras vezes, traidor da causa. A esse comportamento dos participantes do debate, Rojas, Barnidge e Abril (2016) chamam de públicos egocêntricos.

Os públicos egocêntricos são aqueles que conseguem filtrar as informações que recebem do ambiente de comunicação, em especial nas redes sociais *online*. Essa filtragem conta com uma forte estrutura interpretativa para seleção, classificação e sentido dos conteúdos. Com isso, mensagens incongruentes com a visão egocêntrica do grupo reduz o acesso às fontes delas. Essas mensagens são interpretadas pelo público egocentrado como erros ou tentativas de manipulação. O princípio fundante do processo é que uma vez exposto a determinada informação, o integrante do público a processa de forma a concordar com sentimentos já existentes. O crescimento da percepção do viés da mídia indica que há maior centralidade dos públicos egocentrados e menos força das fontes de informação, sejam as tradicionais, sejam as novas em ambientes digitais. Quanto maior a exposição a conteúdos em ambientes digitais, menor a confiança nos meios de comunicação (TSFATI; ARIELY, 2014). A egocentralidade para tomada de decisão no consumo de informações é o golpe fatal nos meios de comunicação tradicionais que optam por produzir conteúdos aceitos afetivamente por parcelas do público. Para o público egocêntrico, nunca a produção será boa o suficiente para a sua visão de mundo e as acusações de traição ou revisionismo são cada vez mais frequentes.

Um comportamento consequente da junção de mais ativismo em públicos egocêntricos é a hipótese da "ação corretiva" (BARNIDGE; ROJAS, 2014). De acordo com essa hipótese, quando os integrantes do público percebem que a mídia é tendenciosa, ou seja, ela não acompanha as visões de mundo do público, este adota um comportamento para corrigir as possíveis consequências dessa ação negativa dos meios de comunicação. Para que exista uma ação corretiva, o processo passa por dois elementos relacionados. O primeiro é o chamado "efeito de terceira pessoa", que considera que os meios de comunicação sempre conseguem influenciar negativamente os outros, mas não o próprio integrante do público. O segundo, consequência do primeiro, é o chamado "efeito de mídia hostil", que indica que as fontes de informação sempre são tendenciosas quando se afastam da visão de mundo do indivíduo que as analisa (BARNIDGE; ROJAS, 2014). Quando o efeito de terceira pessoa encontra o da mídia hostil, o público tem justificativas suficientes para atuar corretivamente e reduzir os danos causados pela tendenciosidade. É daí que surgem os comportamentos afetivos radicais de grupos identitários contra determinados meios de comunicação, aproximando-se da democracia monitória de Keane (2009).

Uma das consequências da organização do debate a partir de públicos egocêntricos é o crescimento do ativismo. Mas não o mesmo tipo de ativismo percebido nos espaços públicos do século XX. Agora, os egocêntricos não atuam para defender um ponto em relação a tema do debate, mas para criticar fontes de informações consideradas distorcidas sobre o assunto. Se o público egocêntrico percebe que sua posição não será a majoritária no debate ou quando nota qualquer ameaça a sua posição, o objetivo passa a ser desacreditar as fontes de informação contrárias, deslegitimando o próprio debate. As posições críticas aumentam e não apenas sobre opiniões a respeito do tema, mas também sobre as fontes de informação que organizam o debate. Nesse ponto, o conceito de públicos egocêntricos encontra novamente o de democracias monitórias.

A hipótese da ação corretiva descreve um tipo de participação no debate público. Portanto, parte do pressuposto que ela só pode ocorrer entre aqueles que se consideram aptos a intervir nesse debate. No caso, a participação será na forma corretiva de uma influência presumidamente negativa sobre outros integrantes do público – em especial os que têm opiniões distintas de quem desenvolve a ação corretiva. Verba, Schlozman e Brady (1995) identificam três razões pelas quais alguém decide participar do debate público: a) ter habilidade, b) ter motivação e c) ter mobilização. Por consequência, a não participação é explicada por: ausência de (a), quando não se pode participar; ausência de (b), quando não se quer participar; e pela ausência de (c) quando ninguém pediu a sua opinião (VERBA; SCHLOZMAN; BRADY, 1995). Porém, se o integrante do público percebe um viés da mídia contra a sua posição, tende a crescer a motivação (b) de participar, ainda que as outras duas razões sejam reduzidas, pois o objetivo é corrigir os erros promovidos pela distorção da mídia (ROJAS; BARNIDGE; ABRIL, 2016). Em outras palavras, a distância entre os conteúdos produzidos e a visão de mundo dos integrantes de grupos egocentrados é mobilizadora para a entrada no debate e não a posição prévia sobre o tema. Essa é uma mudança significativa em relação à participação para reforçar valores e crenças já existentes. A necessidade de manter vivas as diferenças em relação a outros grupos faz com que os integrantes de determinado grupo identitário sintam-se cada vez mais em ambientes considerados hostis para si e seu grupo. E a hostilidade não é gerada pelos enquadramentos predominantes do tema, mas pelas características de outros participantes, principalmente aqueles identificados como produtores de conteúdos. Essa mudança ainda não é capaz de bloquear as interações. Em novas bases, o debate público continua tendo consequências positivas para a organização social.

3.2. Antes da patologia: o excesso de confiança

O excesso de confiança nas próprias crenças é outra importante explicação para o extremismo em espaços de debate público no século XXI. Participantes do debate público com excesso de confiança nas próprias crenças tendem a ser mais ativos, tanto em espaços digitais quanto *offline*. As diferenças entre intensidades sobre determinada visão de mundo podem ser explicadas pelo excesso de confiança (ORTOLEVA; SNOWBERG, 2015). Mas de onde vem o excesso de confiança nas próprias crenças? Quando os temas públicos não fazem parte da experiência direta dos participantes do debate, eles usam um processo de aprendizagem passiva, que é transportar para o assunto público as próprias experiências em temas próximos, negligenciando todas as inconsistências. Se existem fontes de informação que reforçam crenças pessoais transmitindo conteúdos direcionados, parciais ou falaciosos, a confiança em expressar suas próprias crenças em espaços públicos aumenta exponencialmente. O excesso de confiança surge da impossibilidade de experimentar pessoalmente todos os temas em debate. O uso das próprias crenças em substituição ao conhecimento prático, chamada de aprendizagem passiva, resulta em mais extremismo, participação mais ativa e maior intensidade na defesa de determinada visão de mundo.

A questão central aqui é que mais conteúdos circulando e maior heterogeneidade de fontes não levam necessariamente a um público mais informado. Se o processo de apropriação dos conteúdos é a partir das próprias crenças e experiências pessoais, o acesso facilitado a fontes parciais gera um reforço da confiança de que as próprias crenças são válidas para sustentar posições sobre temas públicos, independentemente de quais sejam eles. Por exemplo, se o tema em debate é a adoção ou não de pena de morte no país, pessoas com excesso de confiança e que sofreram alguma violência pessoal extrema podem se manifestar publicamente favoráveis à adoção da pena capital, pois o que aconteceu com elas reforça a posição. É possível que, no processo de recuperação física ou psicológica de uma violência grave, uma pessoa entre em contato com casos similares e histórias de vida parecidas. Ao defender seu ponto no debate público, o indivíduo pode apresentar esses outros casos como exemplo de que se trata de algo que perpassa toda a sociedade. O excesso de confiança a impede de entender que mesmo a totalidade de casos de violência grave que ele conhece não é representativo da população. Além disso, outros aspectos como custo processual e erro do poder judiciário sem que haja possibilidade de reparação, que serão argumentos apresentados no debate público, são desconsiderados para quem tem excesso de confiança nas próprias crenças, pois estão distantes da sua experiência pessoal.

Quando alguém busca informações direcionadas, como no caso do exemplo anterior, onde uma vítima de violência se torna especialista em casos similares ao dela, isso faz com que aumente a confiança para apresentar sua opinião em público. Esse fenômeno ocorre porque com mais informações que reforcem a própria crença, negligenciam-se correlações e exemplos contrafactuais (ORTOLEVA; SNOWBERG, 2015). Para evitar o desconforto psicológico das informações contrárias às crenças e experiências próprias, o participante do debate atribui as diferenças de visões não aos fatos apresentados, mas às ideologias de quem apresenta. Assim, qualquer posição contrária à crença pessoal passa a ser uma expressão de quem possui uma ideologia diferente da dele e, sendo assim, é preciso se opor à fonte de informação ou ao portador da outra opinião com mais força e deixar os fatos de lado. Está aí mais uma explicação para a radicalização e extremismo no debate público do século XXI.

Por que o excesso de confiança não perde força quando os resultados das ações se mostram incompatíveis com as opiniões? A resposta mais fácil é que essas pessoas não teriam condições de racionalizar ou conectar suas próprias crenças com as consequências práticas. Ortoleva e Snowberg (2015) preferem outra explicação. Para eles, a manutenção do excesso de confiança em crenças e todas as consequências negativas disso para o debate público se dá não por limitações de racionalidade dos integrantes do debate público, mas em função da forma como os resultados do debate são distribuídos socialmente. Na maioria das vezes, tomar decisões ruins no debate público não significa sofrer consequências mais negativas do que os que tomaram decisões distintas. O resultado do debate público é distribuído socialmente de forma a desconsiderar as consequências individuais. A inexistência de um retorno direto de consequências sobre as próprias opiniões apresentadas em público reduz drasticamente a capacidade dos integrantes do debate de identificarem o viés causado pelo excesso de confiança nas próprias crenças (ORTOLEVA; SNOWBERG, 2015).

No exemplo anterior, digamos que, após o debate público, com maior participação de pessoas com excesso de confiança nas próprias crenças e de forma mais radical, os apoiadores da mudança na lei consigam apoio institucional e a legislação do país seja alterada, prevendo a adoção da pena capital. Os maiores custos processuais com recursos que podem ultrapassar o prazo máximo de prisão de um condenado serão distribuídos igualmente em toda a sociedade, não sendo de responsabilidade apenas dos apoiadores da proposta. Além disso, a probabilidade de ser vítima de um erro processual e, por algum motivo, terminar no corredor da morte é ínfima. Assim, não há custo aparente para a maioria dos participantes do debate público que apoiam a adoção da pena capital no país. O excesso de confiança nas próprias crenças não tem porque ser questionado ou regredir em condições de distribuição igualitária de consequências.

No comportamento de excesso de confiança nas próprias crenças, cada cidadão tem condições de avaliar apenas a qualidade das experiências pessoais. Não se trata de uma incapacidade de interpretação ou limitação cognitiva. O problema é que ele subestima a correlação das próprias experiências com todos os demais aspectos relativos ao tema em debate e que não foram experimentados pessoalmente. Ou, de outra forma, superestima a própria experiência em relação ao que acontece no mundo. Nos dois casos, o resultado é excesso de confiança nas próprias crenças entre os participantes mais ativos do debate público.

Em análises sobre formação da opinião pública, um consenso é que todo o processo se inicia nos indivíduos. A forma como o público se coloca no debate tem influência direta sobre o resultado final dele. Uma abordagem recente tem utilizado o excesso de confiança nas próprias crenças como explicação para o crescimento do extremismo e abandono de informações sobre a realidade fática na tomada de posição em espaços públicos. Glaeser e Sustein (2009) invertem a equação ao considerar que o excesso de confiança é resultado do processamento imperfeito de informações e não que as limitações informacionais podem levar ao excesso de confiança e ao extremismo. De qualquer maneira, excesso de confiança dos indivíduos tem impacto sobre a qualidade do debate público. A questão que se apresenta é como identificar excesso de confiança e seus efeitos.

Em primeiro lugar há uma diferença entre o que se sabe sobre temas de ordem privada e de ordem pública. As pessoas têm experiências próprias e aprendem diretamente com suas experiências na vida privada. Mas quando se trata de tema público, elas aprendem de forma indireta e passiva, a partir de sinais (GLAESER; SUSTEIN, 2009). Esses sinais promovem um aumento da confiança em participar do debate público e não necessariamente melhoram as condições de conhecimento sobre o tema. Sinais podem aumentar o viés de percepção sobre determinado assunto. Não raras vezes, pessoas com maior confiança identificam as diferenças de posições de outros integrantes do público como um erro de avaliação deles. O processo é relativamente simples. O público tem pouco conhecimento direto sobre determinado tema. Ele recebe informações que são usadas como sinais para relacionar o tema público com a experiência privada. Ao conseguir fazer a relação, ele está mais voltado para o conhecimento que experimenta em sua vida privada do que apto para discutir o tema em público. Quando relaciona os sinais com sua própria experiência, o indivíduo fica mais confiante para se apresentar ao debate público e expressar sua posição individual como representativa do todo.

O excesso de confiança é, no século XXI, uma das principais explicações para a distorção do debate público em favor de conversações sobre experiências privadas no espaço público. Glaeser e Sustein (2009) estabelecem três categorias distintas de excesso de confiança: a) "superestimação", quando a confiança extra se dá em relação a si mesmo, ocorre, por exemplo, quando se acredita que a capacidade para desempenhar determinada tarefa é melhor do que ela realmente é; b) "sobre posicionamento", quando o excesso de confiança está na comparação do próprio desempenho em relação aos demais; e c) "excesso de precisão", que ocorre quando a confiança exagerada se dá em relação a algo, ou seja, quando se acredita ser mais preciso sobre alguma coisa do que realmente é. Como se vê, o excesso de confiança pode ser identificado tanto em relação a si mesmo, entre si e os outros e em relação a alguma coisa ou informação.

Qual o efeito para o debate quando o excesso de confiança atinge um contingente relevante dos integrantes do público? A tendência é que a disposição de debater a partir de informações e opiniões distanciadas do âmbito privado seja substituído por uma participação afetada por crenças de que as experiências privadas são as únicas válidas no debate público. Por exemplo, imagine uma pessoa que vive em um bairro em que todos os moradores frequentam a mesma igreja e todos eles compartilham experiências muito parecidas a partir da fé individual. Agora, imagine que um dia a igreja resolva substituir o líder religioso daquele bairro por outro, mais jovem e inexperiente. Uma consequência possível é que o descontentamento daqueles vizinhos se transforme em um tema de debate entre os membros da igreja no bairro. Para alguém com excesso de confiança seria fácil, até mesmo natural, transportar aquela experiência negativa para outras dimensões do debate público. Poderia estender o descontentamento para a cidade inteira ou para o seu país, ainda que o único lugar com descontentes fosse um bairro de uma cidade específica. Para isso, seria necessário acesso a meios de difusão do descontentamento. Quem apresenta excesso de confiança não vê limites para transpor suas experiências pessoais ao debate público.

Quando há grande número de integrantes do público com excesso de confiança e eles se identificam como iguais ou como pessoas que compartilham as mesmas opiniões, formam um grupo definido por Glaeser e Sustein (2009) como "crédulos bayesianos". São crédulos porque acreditam que suas próprias experiências são as únicas com legitimidade para tomada de posição no debate público. Bayesianos para representar o princípio básico do Teorema de Thomas Bayes de que um evento no futuro pode ser melhor explicado pelas ocorrências do passado. Os crédulos bayesianos são aqueles que entram no debate público para apresentar suas experiências privadas pretéritas como sustentação de opiniões no presente. Em geral, crédulos bayesianos tendem a ser mais participativos, pois acreditam que as posições contrárias às deles são resultado de erro ou falta de experiência dos que adotam outras opiniões. Por isso, participar do debate, de mobilizações, de campanhas eleitorais e votar é um serviço que o crédulo bayesiano acredita estar prestando a todo o público.

É preciso distinguir a polarização no debate público gerada por posições antagônicas entre os debatedores e a polarização como resultado da entrada de crédulos bayesianos. É legítimo que o debate público gere polarizações em função de posicionamentos contrários em relação a determinado tema. Por exemplo, se o debate é sobre a mudança nas leis de preservação ambiental, em um extremo temos ambientalistas defendendo, com argumentos públicos, a necessidade de limitar e punir responsáveis por desmatamento, por outro, também é legítimo que grupos em favor da exploração de minérios ou de produção extensiva de *commodities* agrícolas defendam leis menos rígidas para o uso do solo. Tanto uns quanto outros defendem suas posições no debate público com argumentos e opiniões com origem pública: benefícios coletivos da preservação da floresta contra benefícios coletivos da maior entrada de recursos no país com a exportação de *commodities*. Até aqui, nenhum deles pode ser enquadrado como crédulo bayesiano. São crédulos aqueles que mesmo sem perceber nenhum dos benefícios públicos usam sinais emitidos pelo debate para posicionar-se a favor de um dos extremos a partir de uma experiência pessoal. Essa experiência pode ser em relação aos debatedores. Se o crédulo bayesiano já conhece o perfil dos que estão em cada extremo, ele pode se aproximar de um deles não por conta do conteúdo do debate, mas por antipatia ou simpatia a um dos perfis. Os sinais servem para identificar os debatedores e não fornecer conteúdos e opiniões para o posicionamento do crédulo bayesiano.

Não existe debatedor no espaço público desinteressado, como já vimos. Eles sempre buscam convencer os demais a adotarem a mesma opinião. As comunidades de crédulos bayesianos fazem isso não com argumentos públicos, mas por experiências privadas do passado. Para formar uma comunidade, os crédulos dão mais valor a fontes de informação comuns dentro do seu grupo e têm como objetivo a aprovação do próprio grupo quando expressam opiniões. Como argumentos públicos são desconsiderados, com crédulos bayesianos há mais possibilidade do crescimento de extremismo no debate público. Quanto maior o peso dos crédulos bayesianos no debate público, menor a confiança nos espaços públicos, redução da diversidade interna e maior animosidade com aqueles que não compartilham das mesmas experiências individuais e apresentam opiniões distintas. Como para esse grupo a posição pública é baseada em experiências privadas diretas, fica mais difícil reconhecer limitações ou ignorância sobre o tema, resultando em uma visão mais extremada em praticamente todo o debate.

Glaeser e Sustein (2009) exploram quatro possibilidades de atuação para os crédulos bayesianos no debate público. O primeiro é que, por terem fontes comuns de informação, as opiniões e visões dos outros acrescentam pouco. Segundo, muitas vezes os membros da comunidade não representam o conjunto do público, gerando uma visão enviesada sobre o tema, pois partem de experiências pessoais de uma parcela da comunidade. Terceiro, é possível que os membros da comunidade moldem suas posições simplesmente para evitar sanções e permanecerem na comunidade – clássico comportamento para evitar se isolar socialmente, identificado por Noelle-Neuman (1974). Quarto, dado que a comunidade pode ser enviesada e que a posição a favor da opinião predominante nela tem o objetivo de evitar punições, é possível que integrantes desses públicos sejam incentivados a errar.

O excesso de confiança que está na origem dos crédulos bayesianos é gerado principalmente por dois fatores. Primeiro, pela expectativa de conhecimento sobre tema público ser mais alta do que o conhecimento propriamente dito, pois quanto maior a diferença entre expectativa e o próprio conhecimento, maior o excesso de confiança. Segundo, pela diferença entre a estimativa de conhecimento próprio e a estimativa de conhecimento dos outros debatedores. É em função desses dois fatores que podemos adaptar a distinção dos comportamentos dos debatedores em espaços públicos feita por Glaeser e Sustein (2009) em três categorias: a) extremistas por pertencerem à comunidade de crédulos bayesianos; b) moderados por apresentarem pouco excesso de confiança e pequena diferença entre a estimação própria e a estimação de conhecimento dos outros; e c) extremistas por posições públicas, que usam menos experiências pessoais, apresentam baixa diferença entre expectativa e conhecimento público e alta diferença entre estimativa própria e estimativa dos demais.

A imagem 2 a seguir representa os diferentes níveis de excesso de confiança e identifica as regiões em que se encontram cada uma das categorias descritas acima. A relação entre conhecimento público sobre o tema e expectativa de conhecimento (que equivale à utilização de experiências privadas para justificar posições públicas) é inversa, por isso a direção dos eixos está invertida. O eixo X representa o conhecimento sobre tema público e vai de "baixo" a "alto", da esquerda para a direita. O eixo Y representa a expectativa de conhecimento sobre tema público ou o uso de experiências privadas para se posicionar publicamente. Ele vai de "baixo" para "alto", de cima para baixo. Isso porque integrantes do público com alto conhecimento público para opinar tendem a justificar menos suas posições com as crenças e experiências privadas. E o contrário também é verdadeiro: quem costuma justificar suas posições públicas com experiências privadas do passado tende a não apresentar justificativas de conhecimento público para suas opiniões. A reta perpendicular que parte do encontro dos dois eixos representa a média de conhecimento do público sobre determinado tema. Qualquer pessoa que se posicionasse sobre essa reta estaria equilibrando a expectativa com o conhecimento real sobre o tema e não apresentaria excesso de confiança. A linha superior mostra a estimação própria que o indivíduo faz de seu conhecimento sobre determinado tema. Perceba que a estimação própria tende a se afastar positivamente da linha da média de conhecimento nas duas pontas, quando a expectativa é baixa e o conhecimento é alto e quando a expectativa é alta e o conhecimento é baixo. A linha inferior indica a estimação de conhecimento que cada integrante do público dá aos demais. Na mesma forma, ela se afasta da média nos dois extremos.

A análise conjunta dos dois eixos com as distâncias entre estimações, própria e para os outros, em relação à média de conhecimento sobre o tema, nos permite identificar três regiões distintas de distribuição dos integrantes do público. A primeira delas (representada na imagem pela região 1) é onde estão os indivíduos com excesso de confiança por considerarem saber mais que os outros, cuja média eles colocam abaixo do conhecimento real. Aqui, a diferença entre expectativa de conhecimento, conhecimento efetivo e conhecimento dos demais sobre o tema público se dá pelo alto grau de expectativa de conhecimento gerado pelas experiências privadas, baixo conhecimento público sobre o tema e consideração de que os demais sabem menos que eles. Essa região é onde se encontram os crédulos bayesianos. São extremistas no debate público por usarem experiências pessoais para justificar suas posições e por considerar que os outros conhecem pouco ou nada, sempre muito menos que eles próprios, para o debate.

A região número 2 é onde se encontram os indivíduos com menos disposição para os extremos. Ali, a distância entre o que se espera saber e o que se sabe realmente sobre o tema é pequena. Além disso, a distância entre a estimativa própria e a estimativa dos outros também fica próxima de zero. É a área em que o conhecimento próprio, a expectativa de conhecimento a partir de experiências pessoais e a estimativa de conhecimento dos outros são equivalentes. Nessa região encontram-se os integrantes do público que não apresentam excesso de confiança e estão aptos a mudar de posição caso sejam apresentadas opiniões ou argumentos em desfavor de sua posição original. É a área dos moderados no debate público.

A região 3 indica outro tipo de extremista, mas que não sustenta suas posições com experiências privadas. Quem se encontra nessa área tem excesso de confiança, mas baixa expectativa de conhecimento por experiência própria. A confiança dele relaciona-se à baixa estimação

IMAGEM 2

Distribuição do público por conhecimento e expectativa de conhecimento

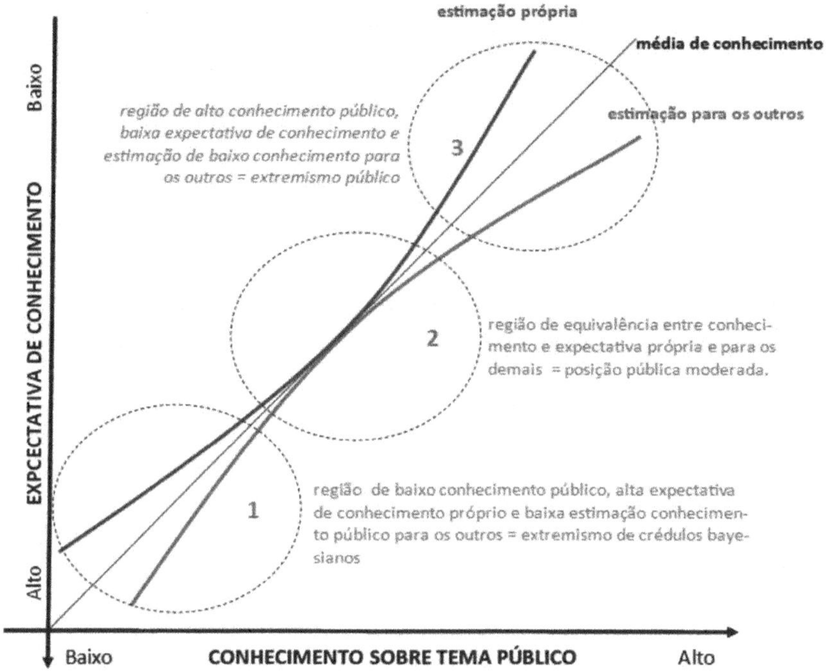

Fonte: autor.

de conhecimento dos demais sobre o tema público. É o extremista que usa argumentos públicos, não da própria experiência, para se posicionar e justificar a manutenção da opinião. Ele está convencido de que aqueles que discordam da posição dele o fazem por desconhecimento da realidade sobre o tema. Ele é o extremista ideólogo no público.

Se considerarmos que o radicalismo não é explicado pela origem das informações, mas pela distância entre a estimação própria e dos outros para conhecimento sobre o tema, evitaremos o erro que radicalismo sempre será produto da presença de experiências privadas nos espaços públicos. Na verdade, posições extremadas são inerentes ao debate desde o início de sua existência. Sempre houve oposição entre moderados e extremistas – de direita ou de esquerda, por exemplo – no debate público. O que temos no século XXI é o crescimento de um novo tipo de extremismo, aquele que é explicado pelo uso de experiências pessoais prévias para a tomada de posição no debate público. Este novo extremista, pelo menos em termos quantitativos, é favorecido – não criado – pelo ecossistema de comunicação digital, pois trata-se de ambiente adequado para a transmissão e compartilhamento de experiências pessoais.

Entre os problemas apontados pelo excesso de confiança, o principal deles é a desconsideração da subestimação da confiança, ou seja, o papel no debate público daqueles que acreditam saber menos ou terem menos habilidades de participação do que realmente têm; é a chamada subconfiança nas próprias capacidades. A questão é a mesma do excesso de confiança, mas com sinal trocado: os participantes do debate público possuem informações imperfeitas sobre suas próprias qualidades e sobre as habilidades dos demais. A subconfiança leva a uma estimativa de si mesmo e dos outros de forma regressiva (MOORE; HELAY, 2008). A consequência mais negativa é que participantes subestimam sua própria performance e superestimam a dos outros, tendem a se ausentar mesmo quando têm mais informações e condições de interferir de forma propositiva no debate público.

Quem confia menos em seus conhecimentos sobre tema público apresenta mais resistência em participar do debate. O efeito prático da subconfiança é maior visibilidade de pessoas mais extremadas, com estímulo para participação, e isso é tão explicativo da radicalização do público quanto do excesso de confiança. É aqui que a questão da forma de expressão, capacidade de ser replicado e capilaridade dos que possuem excesso de confiança se sobrepõe às posições mais equilibradas e melhor informadas dos subconfiantes. O processo, dentro do debate público, se dá em quatro etapas principais: 1) o participante experimenta uma tarefa ou formula opinião sobre determinado tema; 2) ele percebe que não tem todas as informações necessárias para uma posição consistente e prefere se ausentar do debate; 3) ele percebe que outros debatedores têm comportamento mais expressivo e maior presença nos espaços públicos; 4) ele conclui que os outros têm melhores condições do que ele para opinar. Ao resultado desse processo se dá o nome de subconfiança. Trata-se de um fenômeno psicossocial de caráter motivacional principalmente. E essa desmotivação para participar do debate público ajuda a estabelecer o nível das discussões.

A conformação do debate pelas comunidades de crédulos bayesianos, com excesso de confiança nas próprias crenças e pela ausência dos subconfiantes, ainda não é um sinal patológico. Ela apresenta uma adaptação do organismo social de debate que é mais radical, mais participativo, mais intenso e menos público ao mesmo tempo. Ainda assim é capaz de produzir resultados que servem de ponto de partida para decisões dos representantes públicos.

3.3. Antes da patologia: convicções e conspirações

Uma das consequências do comportamento de excesso de confiança nas próprias crenças e conteúdos enviesados ou parciais para alimentar o debate público é a substituição de aspectos relacionados à realidade dos debatedores por abstrações e teorias desconectadas dos assuntos. Quando em condições apropriadas, existem pessoas disponíveis para endossar a circulação de teorias da conspiração no espaço público. Essas teorias são caracterizadas por, a partir de um ponto inicial vinculado à realidade, propor desdobramentos e consequências sem nenhum lastro nos fatos disponíveis. Não raras vezes, as teorias da conspiração se instalam no debate público a partir de vínculos com versões de fatos do passado que nunca foram confirmados. As *fake news*[15] e conteúdos de desinformação funcionam como tijolos na edificação dos castelos das teorias conspiracionistas.

---

[15] Para uma discussão conceitual e definição de *fake news*, ver Dourado e Gomes, 2019.

Prooljen e Jostmann (2013) partem da hipótese de que a percepção da redução da moralidade de autoridades públicas e instituições é o motivo para o desenvolvimento de crenças conspiratórias. O segundo fator que ajuda a difusão dessas teorias é o crescente sentimento de insegurança e incertezas nos indivíduos. A insegurança individual, muitas vezes alimentada por conteúdos alarmistas, leva as pessoas a considerarem a plausibilidade de teorias da conspiração e isso reforça a desconfiança sobre a moralidade das instituições e representantes que teriam a função de garantir a segurança dos integrantes do público.

A aceitação de teorias da conspiração é resultado de um processamento sistemático de conteúdos que levam a uma visão específica de ameaças consideradas consequências de ações malignas daqueles que querem desequilibrar o ambiente. Pessoas em condições de insegurança tendem a perceber padrões no espaço público para prejudicá-las individualmente. Como a situação é de vulnerabilidade pessoal e somada à desconfiança nas instituições e agentes que deveriam existir para evitar essa ameaça, a saída é desconsiderar os conteúdos públicos contrários à conspiração e dar mais atenção a superstições e crenças pessoais. Os preconceitos sociais também são motores de longa data das teorias conspiracionistas. Para um racista, a chegada de negros em postos de visibilidades pública, além de aumentar a insegurança pessoal dele, reduz a legitimidade das instituições ocupadas por pessoas que não deveriam chegar lá e isso tudo só pode ser explicado por uma ampla conspiração que quer prejudicar a população branca – na cabeça do racista. O conspiracionismo no debate público não é fenômeno recente.

O crescimento da importância da fé em suas próprias crenças, somado à desconfiança na moralidade das instituições públicas favorece a adesão às teorias da conspiração e, com ela, o fortalecimento de instituições relacionadas à esfera privada (PROOLJEN e JOSTMANN, 2013). Nesses casos, a instituição que ganha mais relevância é a das religiões que contribuem para as conspirações. Quando em situação de incerteza psicológica, as pessoas buscam apoio em novas informações. Mas, se elas desconfiam da moralidade das instituições responsáveis por alimentar o debate público com conteúdo, encontram refúgio em organizações ligadas à esfera privada. A baixa percepção de moralidade das instituições do debate público é o que permite a difusão de teorias da conspiração, pois essas deixam de ser opção de informação para indivíduos em situação de incerteza. Em resumo, dado que as condições atuais favorecem as desconfianças, quanto maior a percepção de imoralidade das instituições públicas, representantes políticos e dos meios de comunicação, responsáveis por mobilizar o debate público, maior a possibilidade de circulação e crescimento de teorias da conspiração no espaço público.

A continuidade de pesquisas sobre comportamentos conspiratórias no debate público permitiu identificar que integrantes desse debate com posições mais exageradas tendem a aderir com facilidade às ideias de conspiração. Isso porque os extremistas e radicais são aqueles que confiam menos nas instituições públicas, indicando uma característica estrutural que alimenta as teorias conspiratórias (PROOLJEN, KROUWEL, POLLET, 2015). Quanto mais radicalização no debate público, maior o espaço para teorias da conspiração. Como vimos anteriormente, as condições estruturais para o debate público no século XXI, seja do ponto de vista individual, seja coletivo e das estruturas para produção e circulação de conteúdos, favorece um comportamento mais egocentrado, com excesso de confiança nas próprias crenças, extremado e radical. Nessas condições, o debatedor comum, moderado, tende a sofrer um apagamento.

Como pessoas com posições radicais são as que têm estrutura de pensamento sobre temas públicos mais fortes (seja por experiência pessoal, seja por consistência ideológica), elas tendem a dar sentido específico a eventos sociais. Proojen, Krouwel e Pollet (2015) lembram que o pensamento estruturado dos radicais é do tipo "preto-ou--branco", sem permitir tons de cinza nas avaliações. Por mais diversos e heterogêneos que sejam os estímulos e conteúdos informacionais, a estrutura de pensamento dos extremistas será dicotômica, a partir da oposição entre "bom-ou-mau", "totalmente positivo-ou-totalmente negativo". Essa estrutura de pensamento é definida pelos autores como uma "epistemologia deficiente". Portanto, não se trata apenas de seleção específica de conteúdos para tomar decisões, a explicação está no processamento das informações, por ser dirigido a determinados fins pré-estabelecidos. Em outras palavras, a seleção de informações e o fato de ignorar determinadas fontes é consequência e não causa do comportamento extremado que leva ao apoio a teorias conspiratórias. Em alguns aspectos, essa posição permite resgatar a Teoria da Racionalidade Ordinária, de Boudon (1994), com a diferença de que para os públicos atuais as limitações cognitivas são dirigidas ideologicamente.

Há um aparente paradoxo na afirmação de pessoas com posições ideológicas mais consistentes estarem mais aptas à adesão a teorias da conspiração. É que esses extremistas são os que parecem mais confiantes em suas crenças políticas e mais dispostos a externar suas posições, portanto, distantes de um comportamento de insegurança. Proojen, Krouwel e Pollet (2015) propõem como solução para o paradoxo o conceito de "convicção compensatória". Por possuírem conjuntos de valores fortemente estruturados, tendem a apresentar mais desconfiança de agentes e instituições e sempre agem com o objetivo de "compensar" as intenções não declaradas dos demais integrantes do público. Isso porque a crença conspiratória se dá pela suspeita de que um grande número de atores se encontra em concordância tácita para esconder seus reais objetivos, que são percebidos pelo adepto da conspiração sempre como algo ilegal ou imoral. A forte convicção que ele tem sobre as reais intenções dos outros visa compensar os efeitos subliminares contidos nos discursos dos que têm outras opiniões.

Pesquisas de Proojen, Krouwel e Pollet (2015) comprovam a existência de uma relação positiva entre posição ideológica extremada, seja à direita ou esquerda, e adesão às crenças conspiratórias. Já os integrantes do público com posições mais moderadas tendem a confiar mais em líderes e instituições, buscam informações de fontes mais heterogêneas que os extremistas e desconfiam das teorias conspiratórias. No entanto, é preciso não esquecer que correlação não indica causalidade ou determinação. O mais provável é que posições ideológicas extremadas e crenças conspiratórias tendam a se retroalimentar, com reforços mútuos e efeitos nas duas direções. O desconforto psicológico gerado pela insegurança individual e a descrença na moralidade das instituições e líderes públicos também fazem parte da equação explicativa para o crescimento das crenças conspiratórias no debate público.

Opinião Pública é uma construção social. Só faz sentido se for considerada como um produto coletivo e cooperativo. Mesmo se levarmos em conta que a opinião nasce nos integrantes de uma coletividade qualquer e que tem elementos psicológicos conectando-a à experiência pretérita dos participantes do debate, a externalização das opiniões é o mais relevante. Não só relacionada aos laços psicológicos, a opinião externalizada é constrangida e estimulada pelas instituições que integram espaços coletivos. Em ambientes de debate onde predominam instituições públicas e estatais, o resultado é distinto de quando as instituições predominantes nesses espaços são aquelas que originalmente tratam da vida privada dos integrantes do público. O crescimento da presença de instituições religiosas em espaços abertos, precisa ser considerado na análise dos resultados do debate. A intolerância com a opinião diferente tem sido explicada pela transferência da estética e conteúdo do discurso religioso, que faz sentido em templos fechados e para audiências homogêneas, para os espaços com interesses distintos e públicos heterogêneos (BERGER; ZIJDERVELD, 2012). Quando o debate se distancia de instituições como as religiosas, a tolerância com as diferenças entre os debatedores não interfere nas relações com doutrinas pouco plurais da esfera privada. O contrário não acontece.

A chave explicativa para a opção pela intolerância no debate público é que a pluralidade de posições sobre temas públicos cria insegurança individual. Isso porque as posições coletivas são mais voláteis conforme as informações e opiniões circulantes ficam mais plurais. Sem tolerância não é possível existir um debate público plural. A intolerância reduz a pluralidade e aumenta a estabilidade das opiniões, por isso que a abundância informacional não tem impacto direto sobre a tolerância. Mais informação disponível nos espaços públicos não leva necessariamente a mais ou menos tolerância. O que explica maior ou menor abertura para o debate é a capacidade de suportar as instabilidades geradas pela disponibilidade de conteúdos. A maior disponibilidade de informações, que leva à insegurança, e a presença de instituições no espaço público ligadas ao âmbito privado, produzem um ambiente propício, segundo Berger e Zijderveld (2012), para o surgimento de dissonâncias cognitivas entre os debatedores. Esse fenômeno é identificado pelos autores como uma forma de se contrapor às informações que são contrárias às visões previamente existentes – na maior parte das vezes a partir da experiência privada. O sistema político é apropriado para produzir defesas cognitivas aos participantes do debate público por conta da seleção de conteúdos. A melhor forma de evitar o efeito da dissonância cognitiva no debate público é isolar os portadores da disfunção psicológica. O problema, como veremos a seguir, é quando a dissonância cognitiva se apresenta na forma de epidemia entre os integrantes do público.

Importante não confundir radicalismo fundamentalista com conservadorismo tradicionalista. O espaço para debate público convive com opiniões e informações transmitidas por atores e instituições conservadoras. A manutenção das tradições sociais é um motivo legítimo e estímulo esperado para a participação no debate público. É possível que em discussões sobre mudanças nas leis para ampliar as possibilidades de realização de aborto, as instituições e atores conservadores entrem no debate, apresentem seus argumentos e, ao final, a opinião predominante seja contra a liberalização das regras para aborto. Isso é diferente de participação no debate público de forma fundamentalista. O fundamentalismo é autoritário e não aceita divergência. É antagônico à própria origem do debate. Quando fundamentalistas participam dos espaços públicos, usando como justificativa a liberdade de expressão, nunca estão preocupados com o resultado do debate. O objetivo do fundamentalismo é bloquear as opiniões divergentes.

Todo fundamentalismo é reativo e não está ligado a uma única visão de mundo. Ele pode se apresentar tanto entre conservadores quanto entre liberais (BERGER; ZIJDERVELD, 2012).

O uso do argumento tradicional no debate público é diferente do fundamentalismo como posição pública. Os tradicionalistas apresentam seus argumentos como exemplo positivo para aqueles que não compartilham de seus valores e práticas. A tradição está relacionada ao passado e à exemplaridade daqueles que compartilham os mesmos valores na tentativa de convencimento dos demais. O fundamentalista, ao contrário, exige que os diferentes acatem seu pensamento no presente ou o futuro será negativo e inseguro. Fundamentalistas tentam dominar o debate público para impor suas opiniões e não pela disposição para o diálogo. O fundamentalismo secular ou religioso no debate público também é favorecido pela instabilidade inerente dos sistemas democráticos. A democracia é naturalmente instável, pois precisa conviver com a crítica e com as dúvidas sobre o funcionamento e resultados das instituições.

Até aqui, as características dos participantes e do próprio debate no século XXI são explicações para as mudanças na morfologia e dinâmica da formação de Opinião Pública, mas não podem ser considerados uma patologia, pois não impedem seu funcionamento. O identitarismo exacerbado, ativo ou reacionário, é uma forma distinta de cem anos atrás pela qual os integrantes se colocam no debate, mas os identitários continuam debatendo. O excesso de confiança nas próprias crenças gera mudanças de comportamentos e prioridades entre os integrantes de diferentes públicos que se colocam para debater a partir de suas próprias convicções. É diferente de quando se priorizam informações públicas, mas continua sendo debate público. As teorias conspiracionistas ganharam nova roupagem e um adesismo voluntário maior. Isso desloca o objeto do debate, mas não o bloqueia. Mesmo o fundamentalismo ideológico, quando aparece, é autoritário para a mudança de posições das pessoas no espaço público, portanto, precisa que as discussões existam para que ele exerça sua influência.

A patologia começa quando a ação tem o objetivo que bloquear o debate, encerrar o funcionamento das instituições, ou parte delas, que fornecem insumos para o público ou eliminar fisicamente do debate aqueles que pensam diferente. Esse é o ponto que separa as mudanças incrementais, mais ou menos abertas ao debate público, do encerramento das discussões entre integrantes de grupos sociais com visões de mundo distintas. É aí que começa a doença e sua manifestação se dá na disfunção entre discurso/visão de mundo expressa publicamente e ações para alcançar os objetivos manifestos nos discursos. Isso ocorre pela coletivização de uma disfunção psicológica descrita há mais de meio século, a dissonância cognitiva.

3.4. A patologia: coletivização de uma disfunção psicológica em espaços públicos que paralisa o debate

A teoria da dissonância cognitiva é formalizada por Festinger (1957), mas as bases empíricas dos conceitos já estavam presentes em um trabalho anterior, publicado em um livro de Festinger, Riecken e Schachter (1955). Os três autores analisaram um comportamento individual em movimentos sociais com uma característica específica: a ação coletiva se organiza em torno da expectativa de realização de uma profecia, mas essa profecia falha e mesmo assim os integrantes do grupo continuam acreditando nela. A dissonância cognitiva é um fenômeno psicológico que parte do princípio de que as pessoas têm acesso a diferentes informações sobre determinado assunto. Quando confrontado por conteúdos opostos sobre o mesmo tema é possível que isso gere uma inconsistência psicológica e se buscará de todas as formas possíveis reduzi-la. Quando as informações são confrontadas com comportamento, sentimentos ou opiniões e não se encaixam, elas são dissonantes. O termo cognitivo entra no conceito para enfatizar que se trata de uma teoria a respeito de diferentes informações e conhecimentos sobre um assunto qualquer.

Os antônimos "dissonância" e "consonância" dizem respeito a relações entre pares. De um lado, a crença ou vontade individual, de outro, os fatos da realidade. Para identificar a presença de consonância ou dissonância é preciso definir que par de elementos está sendo usado no processo psicológico (Festinger, 1957). Toda a teoria está baseada nas relações entre esses pares. Uma vez instalado o processo de dissonância cognitiva, um dos desdobramentos é buscar apoio para o comportamento dissonante em outros integrantes do público, especialmente entre os que apresentam proximidade de visão de mundo ou que estejam sofrendo da mesma disfunção psicológica. Diferente dos grupos de apoio a alcoólicos, que são anônimos (Alcoólicos Anônimos – AA), na dissonância cognitiva os dissonantes fazem questão de dar visibilidade ao grupo e às inconsistências insuperáveis entre o discurso professado e o comportamento defendido (uma espécie de Dissonantes Públicos – DP). É a partir desse ponto que o fenômeno cognitivo individual passa a interessar para a formação da Opinião Pública. Mas, antes, é preciso entender como funciona o processo no indivíduo. Festinger, Riecken e Schachter (1955) estabelecem três tipos possíveis de relações entre as informações no indivíduo: a) relação consonante, quando há duas informações ou ações consistentes entre si e que não geram stress, por exemplo: um ciclista precisa ir para casa, mas está chovendo e ele não quer se molhar, então busca um abrigo e espera a chuva passar; b) relação irrelevante, um ciclista precisa ir para casa, não está chovendo, e decide usar um capacete verde; c) relação dissonante, um ciclista precisa ir para casa, está chovendo, ele não quer se molhar, mas pega a bicicleta e desconsidera a chuva.

A dissonância cognitiva gera um desconforto psicológico, pois a ação adotada é inconsistente com o desejo inicial, por exemplo: não querer se molhar e mesmo assim sair na chuva. Quando a dissonância se aplica a opiniões sobre temas públicos, sempre é possível encontrar fontes de informação que justifiquem ou reforcem o comportamento dissonante. A seleção dessas fontes reduz o constrangimento psicológico do indivíduo. Por esse motivo, a teoria da exposição seletiva (FREEDMAN; SEARS, 1965) é vista como complementar à da dissonância cognitiva.

A seletividade nas fontes de informação contribui para a redução do mal estar da dissonância com a exposição direcionada a mensagens consonantes a determinada posição sobre um tema público. Seguindo o mesmo exemplo do ciclista, ele pode não querer se molhar para evitar uma gripe, mas pode ter acesso a conteúdo que "prova" que a água da chuva, por estar em temperatura ambiental, não gera uma redução nas defesas do organismo, portanto, a chance de se gripar após tomar chuva é pequena. Essa informação reduz o desconforto psicológico do ciclista que não quer se molhar para não pegar gripe, mas não ajudaria caso ele estivesse evitando a chuva para não ter que trabalhar com as roupas molhadas. A imersão dos integrantes do debate público em ecossistemas de comunicação digital facilita a seleção de fontes. Sempre haverá algum sítio, grupo de discussão ou comunidade *online* para atestar qualquer teoria, inclusive conspiracionistas. Até mesmo sobre os efeitos da água da chuva para os ciclistas.

A teoria proposta por Festinger (1957) tinha como objetivo inicial identificar condições para a superação da dissonância cognitiva e acabou sendo conhecida pela fundamentação de casos empíricos que confirmam a existência de uma relação inesperada entre um par de "crença" e "fatos" em torno do mesmo tema. Existem diferentes motivos para que a dissonância se instale e nem todos são de ordem psicológica. Festinger (1957) ilustra sua proposta com um exemplo extraído de trabalhos de Lazarsfeld, sobre a comunicação nos Estados Unidos. Lazarsfeld (1940) identificou que uma emissora de rádio norte-americana, na primeira metade do século XX, veiculava um programa para apresentar as características das nacionalidades dos imigrantes que ajudavam a formar a população norte-americana. Um objetivo esperado era reduzir crenças equivocadas dos nativos sobre os estrangeiros e, com isso, aceitar a integração de diferentes culturas no país. A questão é que com o tempo percebeu-se que o público desses programas era formado basicamente pelos imigrantes da nacionalidade retratada (FESTINGER, 1957). Havia uma alta aceitação dos programas por parte deles, a quem o conteúdo não era dirigido. O público nativo optava por não se expor ao programa, o que ajudava a manter uma posição desinformada e preconceituosa que alimentou a xenofobia.

A exposição seletiva a conteúdos é um forte preditor para a instalação e manutenção da dissonância cognitiva. Comportamentos xenófobos não são alterados apenas pela existência de informações que mostrem o lado positivo dos imigrantes, pois há um processo de escolhas individuais que podem impedir que as informações produzidas sejam acessadas pelos grupos e integrantes do público que apresentam visões distorcidas pelas próprias crenças e valores sobre a convivência com estrangeiros em seu país.

No entanto, a prática de selecionar informações que confirmem crenças anteriores, evitar conteúdos contrários à própria ideologia e desconsiderar fatos da realidade não são suficientes para classificar o comportamento como dissonância cognitiva. Em seu estudo, Festinger, Riecken e Schachter (1955) acompanharam um grupo que acreditava em uma teoria propagada por uma líder de uma seita, do início da década de 1950, de que o fim do mundo estava próximo e ele se daria pela chegada de alienígenas. Pessoas que formavam o chamado grupo de *Lake City* acreditavam na líder e em sua capacidade de se conectar com seres extraterrestres e receber informações diretamente deles. A líder indicou ao grupo que em um contato com os extraterrestes ela tinha sido informada da data para o fim do mundo. Quando chegou o dia marcado e nada aconteceu, ela disse ter se conectado com os alienígenas novamente e que eles lhe disseram que a grande expectativa gerada para o acontecimento impediu sua realização, que ficou para outra oportunidade. Apesar da não realização da profecia, muitas pessoas acreditaram naquela versão e mantiveram o comportamento, à espera da próxima data para o fim do mundo. Só quando a profecia falha e ainda assim os comportamentos são mantidos é que chegamos ao nível da dissonância cognitiva. E, quando coletivizada, esse "congelamento" da disfunção entre opiniões e um comportamento à espera de um evento que nunca acontece gera um bloqueio do debate sobre o tema. Ele quer paralisar o debate e, no limite, o funcionamento das instituições políticas, até que a profecia se concretize.

Para ser enquadrado no conceito de dissonância cognitiva, portanto, é preciso que a crença seja forte o suficiente para suportar um evento adverso grave. Festinger, Riecken e Schachter (1955) apontam cinco condições para a dissonância: 1) deve existir uma convicção forte; 2) deve existir um forte comprometimento público com essa convicção; 3) a convicção precisa estar sujeita a um evento adverso grave, que contrarie diretamente a própria convicção; 4) esse evento adverso acontece; e 5) o apoio social deve ser mantido após a ocorrência dele. Sem o evento adverso e a manutenção da opinião ou crença após ele, não é possível diagnosticar o distúrbio como dissonância cognitiva. Ou seja, o que o fenômeno tem de específico não é explicado pelas condições psicológicas dos indivíduos ou pelas suas crenças arraigadas, mas pela oportunidade de que as crenças sejam frontalmente questionadas pelos fatos.

A dissonância cognitiva acontece não apenas quando uma pessoa voluntariamente adota determinado comportamento ou opinião após acessar informações resultantes de um processo de exposição seletiva. A seleção se dá para reduzir o incômodo psicológico entre opinião e realidade, que é um dos componentes da dissonância, ou seja, sempre que há dissonância existe incômodo psicológico, mas nem todo incômodo psicológico está necessariamente ligado a uma dissonância. Para que se estabeleça a disfunção psicológica, a realidade deve contradizer a opinião com um evento adverso severo que impeça a concretização das expectativas e, ainda assim, a opinião e comportamento anteriores serão mantidos. Essa teoria só importa para a discussão sobre Opinião Pública quando a dissonância é coletivizada e grande parte do público está sujeita ou estimulada a adotar comportamento dissonante. Em condições que vão além da decisão individual, a dissonância cognitiva coletivizada apresenta novas características, sendo a principal delas o caráter autoritário do compartilhamento da dissonância. Em grupos majoritários, a convicção individual ganha contornos de única opção viável de comportamento público. Quanto mais forte o grupo portador da dissonância e mais visível o objeto dela nos espaços públicos, maior será o constrangimento social para os que decidem abandonar a crença. É aderir à dissonância coletiva ou abandonar o grupo, o que muitas vezes significa rejeitar boa parte de toda a visão de mundo formada coletivamente ao longo do tempo.

Em condições ideais, o comportamento esperado é de consonância cognitiva, onde as ações são sustentadas por informações prévias que se aproximam de crenças já existentes. Por exemplo, se em uma sociedade já está convencionado socialmente e previsto em leis a igualdade entre pessoas independente de orientação sexual ou identidade de gênero, esperam-se ações na direção contrária à discriminação ou homofobia, seja pela concordância com os princípios sociais, seja pelo autocontrole para não expressar suas próprias crenças em relação ao tema nos espaços públicos. No entanto, quando as crenças são muito fortes e existem fontes de conteúdo para sustentar valores em defesa da discriminação e homofobia, ainda que em grupos limitados, é possível que o comportamento passe a ser dissonante. E, se as crenças "sobreviverem" a eventos adversos, então teremos uma dissonância cognitiva. Por exemplo, um integrante do debate público que defenda comportamento homofóbico de segregação social para os que não optarem por "tratamento" ou "cura gay" pode acreditar que sua posição é adotada pela maioria da sociedade em função da exposição seletiva a grupos e conteúdo. No entanto, ao invés disso, o parlamento pode aprovar uma lei que tipifica crime de homofobia, com penas severas, o que é considerado um evento adverso para a posição inicial do indivíduo homofóbico. Se ele mantém o comportamento por acreditar que logo chegaremos à sociedade sem homossexuais em espaços públicos, a convicção sobreviveu à adversidade e então é possível dizer que a dissonância cognitiva se instalou. Se no futuro essa pessoa for processada e punida por crime de homofobia, esse será um novo evento adverso que servirá como reforço ao comportamento homofóbico ou para transformá-lo em mártir da sociedade ideal que algum dia chegará.

No fundo, a dissonância cognitiva é um estado de permanente expectativa pelo futuro ideal, que está por vir, com a particularidade de que se age em favor desse mundo idealizado pelas próprias crenças e contra os fatos. A realidade em si é considerada uma barreira temporária, com suas adversidades, que está no meio do caminho e não em seu fim. A teoria foi proposta para explicar comportamentos individuais, mas quando a dissonância é coletivizada e diz respeito a temas de interesse público, ela ajuda a entender parte dos resultados do processo de formação de Opinião Pública, em especial aquela que considera o debate público como mais um evento adverso com a função de reforço da dissonância.

Isso é possível devido ao contexto no qual os integrantes do debate público estão submetidos, em especial pelas características do ecossistema de comunicação digital, que dificulta a distinção entre o público e o privado, entre os fatos da realidade e as distorções dela. No mesmo ambiente digital, o integrante do público faz negócios, toma decisões familiares, contrata serviços privados, participa de discussões em grupos fechados de amigos da escola, de vizinhos ou da família, recebe informações de diferentes fontes sem possibilidade de checagem e tem acesso a decisões tomadas em instituições Estatais sem a possibilidade de controle individual delas. Nesse ambiente é fácil selecionar conteúdos para consumir, colocar as próprias crenças e interesses privados acima das demandas coletivas, aproximar-se de grupos que concordam em ser dissonantes com os fatos da realidade e, finalmente, encontrar justificativas para manter o comportamento dissonante a cada novo evento adverso que encontrar. O contexto do debate público no século XXI está para a dissonância cognitiva coletivizada assim como uma lufada de vento frio atingindo idosos ao relento está para o resfriado. As condições são propícias para a instalação de um estado patológico.

Há dois efeitos principais sobre o debate público quando a patologia da dissonância cognitiva alcança níveis sociais. O primeiro, já apontado, é o do crescimento do autoritarismo entre os integrantes do debate público. Negar fatos da realidade coletivamente passa a ser imperativo. Quem não faz isso é excluído do grupo e condenado a uma imagem pública negativa, a de traidor ou infiltrado que foi descoberto. O segundo é o bloqueio do debate para outros temas. Há uma espécie de saturação no espaço público em torno de um assunto ou alguns poucos relacionados entre si que mobilizam esse tipo de ação. A impressão é que tudo mais perde importância quando confrontado com as crenças exacerbadas nos comportamentos dissonantes.

A dissonância cognitiva também pode ser produzida externamente, não apenas por decisão individual. Uma forma de despertá-la é apresentar alguns temas do debate com informações menos relevantes para a formação da opinião, enquanto conteúdos mais consistentes com crenças pessoais passam a ter centralidade, embora sem relação com os assuntos debatidos. Quando os conteúdos que apelam para as crenças pessoais são abstratos, é mais fácil adotá-los como justificativa para comportamento dissonante. Uma vez estabelecida a dissonância, as pessoas tendem a mostrar forte preferência por conteúdos concordantes com suas posições iniciais e dispensam conteúdos discordantes, que poderiam reduzir a dissonância depois de um período de desconforto psicológico (FREEDMAN; SEARS, 1965). Fugir, de início, do desconforto psicológico é melhor opção do que enfrentá-lo.

Por exemplo, se considerarmos os acontecimentos do dia 8 de janeiro de 2023 na Praça dos Três Poderes, em Brasília, e suas consequências como um evento adverso para o grupo de pessoas que acreditam ser possível substituir as regras democráticas e instituições formais por uma crença na irregularidade do processo eleitoral, é possível identificar a instalação da patologia da dissonância cognitiva coletivizada naquele evento que envolveu um movimento social mais amplo, chamado de bolsonarismo. Dá-se o nome de bolsonarismo à entrada na arena política de valores, crenças e comportamentos que sempre estiveram presentes na sociedade. A condensação de visões de mundo racistas, machistas, homofóbicas, xenófobas e aporofóbicas, dispersas socialmente, transportou esses valores como justificativa – ainda que não explícita – para comportamento político e cristalizou demandas em votos a partir de 2018 (CERVI, 2022). O comportamento bolsonarista não é uma novidade no debate público brasileiro, no entanto, sua transformação em movimento político com líderes, bandeira, ideologia e discurso organizado na arena política com estrutura para produção, difusão e compartilhamento de conteúdo a favor do movimento, sim. Esse fenômeno é consequência do enfraquecimento das instituições tradicionais e queda na confiança em líderes políticos resultantes da forma de atuação da Operação Lava Jato, que se desenvolveu no Ministério Público Federal entre 2014 e 2019. No que diz respeito à discussão sobre Opinião Pública, o bolsonarismo é um exemplo prático que condensa identitarismo reacionário (contra ganhos de minorias e políticas compensatórias), formado por integrantes com excesso de confiança em próprias crenças privadas (principalmente fruto da aculturação evangélica e valores militares), com convicções fortes o suficiente para dar uma forma material ao movimento (pela participação de representantes de setores econômicos, como o agronegócio, na organização e financiamento do movimento) e dispostos a aderir a inúmeras teorias conspiratórias.

A parte do público brasileiro identificada com o discurso bolsonarista foi, gradativamente, livrando-se dos constrangimentos psicológicos de assumir a defesa de posições homofóbicas, machistas, xenófobas e aporofóbicas reforçadas por decisões de políticas públicas adotadas entre 2019 e 2022 no governo que representou o movimento. Um processo que passou pelo desmonte de estruturas de representação que garantiam maior pluralidade e representatividade nas decisões de governo e, sob o argumento abstrato e deslocado da realidade de ser necessário para o "combate à ameaça comunista", o comportamento antidemocrático passou a ser justificável. Uma das dimensões do combate ao comunismo supostamente instalado no Sistema Único de Saúde (SUS) foi o desmonte do Plano Nacional de Imunização (PNI), que é considerado o maior programa de vacinação do mundo. A justificativa para o desmonte do programa e menor cobertura vacinal de toda população é que as pessoas precisariam ter liberdade para decidir se vão ou não se vacinar, enquanto a "ameaça comunista" obriga toda a população a tomar vacinas das quais não se conhece a real procedência. Esta parte do exemplo é representativa de como a distribuição igualitária das consequências do debate ajudam a manter posições radicais. A redução da cobertura vacinal é um risco a toda população e não apenas aos que defendem a liberdade de decidir não se imunizar. No caso da pandemia de COVID-19, a suposta liberdade *versus* comunismo chegou a atrapalhar o combate à doença no Brasil. Milhares de brasileiros adultos, mais suscetíveis às consequências graves da COVID-19, optaram por não cumprir o número de doses estabelecido pelos órgãos de saúde por motivos estritamente ideológicos. Todas as vezes que se mostrava como a doença era mais letal no Brasil do que em outros países, os portadores da dissonância cognitiva encontravam justificativas para não alterar a posição crítica à vacinação. Não por outro motivo, o Brasil contribuiu com 11% do total de óbitos registrados no mundo pela COVID-19, representando apenas 2,5% da população mundial e registrou apenas 1% das doses de vacina aplicadas mundialmente[16]. Uma parte significativa das vítimas não compartilhava a posição dissonante no debate público.

Militantes do bolsonarismo entravam nos espaços de debate público para defender a necessidade de continuidade do governo Bolsonaro (2019 a 2022) para que finalmente a "ameaça comunista" fosse afastada do país. Como as condições para reeleição eram adversas desde o início, para manter o apoio público, representantes do governo adotaram a estratégia de fornecer aos debatedores dúvidas sobre a confiabilidade das instituições responsáveis pelas eleições no Brasil. Esses conteúdos, difundidos ao longo de quatro anos, principalmente pelo presidente da república, reduziam o desconforto psicológicos daqueles que defendiam a continuidade do governo e, ao mesmo tempo, eram favoráveis à manutenção das instituições e da própria democracia. Militantes selecionavam informações que não indicavam a necessidade de deixar de ser democrata só por desconfiar de algumas instituições que garantiam a operacionalização da democracia. Foram quatro anos de exposição seletiva a conteúdos que desconsideravam os indicadores de desempenho do governo e em seu lugar defendiam de forma abstrata o direito à liberdade, seja para não tomar vacina, seja

[16] Dados referentes à pandemia de Covid-19 até abril de 2022, fonte: Organização Mundial de Saúde (OMS), disponível em: https://covid19.who.int/

para não acreditar nos resultados das eleições. As instituições mais atacadas foram as do judiciário, alguns dos integrantes da mais alta corte judicial do país e o tribunal específico para executar e fiscalizar o processo eleitoral no Brasil.

Para que a dissonância fosse coletivizada, permitindo comportamentos autoritários que, a princípio, gerariam desconforto psicológico, o movimento tratou de vincular o discurso conservador a grupos sociais considerados exemplares, notadamente os militares e movimentos religiosos, mais dispostos a comportamentos reacionários em espaços públicos devido ao excesso de confiança nas próprias crenças. Militares são identificados com a defesa da pátria, enquanto a Igreja defende a família. Desse modo, o discurso dissonante já tinha corpo, militares e religiosos em defesa da pátria e da família. Os grupos de discussão em ambientes *online* sobre temas públicos contavam com representantes do movimento e esses, por serem extremados e apresentarem excesso de confiança em suas posições, tendiam a participar mais e cada vez de forma mais agressiva contra os "traidores comunistas", "defensores de bandidos que roubaram a pátria e querem destruir a família". Com isso, a liberdade individual estaria garantida, independente do que as instituições políticas indicassem como vontade geral da população. E esse era o único problema no cenário dissonante da base social bolsonarista: a possível descontinuidade do governo por conta dos resultados eleitorais.

É aqui que entram os sucessivos eventos adversos que vão sendo suplantados pela crença na vitória final futura, até chegar ao 8 de janeiro de 2023. Sem isso, ainda não haveria a condição necessária para a instalação da dissonância. O primeiro desses eventos foi o próprio resultado eleitoral, que indicou a derrota do representante do bolsonarismo e a vitória daquele que representava a "volta da ameaça comunista, com destruição da família e corrupção da pátria", segundo o discurso bolsonarista dissonante da realidade. Mas esse é apenas um dos eventos adversos, que foi enfrentado com a materialização das chamadas vontades legítimas do povo através de tendas e acampamentos montados na frente de quartéis em muitas cidades brasileiras.

O objetivo era fazer uma vigília até que os militares tomassem a frente de um processo que provaria a fraude eleitoral e impediria a chegada ao poder de "comunistas corruptos" no discurso dissonante. Esses acampamentos foram ocupados principalmente por pessoas que já tinham algum vínculo com militares ou forças de segurança e por voluntários arregimentados em templos religiosos. Havia estrutura material para manutenção das pessoas nesses acampamentos por tempo indefinido e as instituições formais do Estado não atuaram para desmontá-los. As práticas de comunicação para coesão e direcionamento de comportamentos nesses espaços lembravam muito as encontradas em cultos religiosos: a pregação a partir de termos que servem de gatilho para ações esperadas, a transferência do indivíduo para o coletivo, com o apagamento do "eu" e a substituição da razão pela emoção afetada externamente. O resultado são expressões de adoração a figuras, emulação, pessoas rezando de joelhos, choro, desespero coletivo sempre que há um novo evento adverso, porém, sem abandonar a crença e o movimento.

Outro evento adverso foi a diplomação do presidente eleito, que ocorreu em 12 de dezembro de 2022. O discurso do "não será diplomado" foi facilmente superado pela crença na nova data fatal: a do dia 1º de janeiro de 2023, quando o candidato eleito e diplomado não seria empossado. Chegou o dia tão esperado para atuação das forças militares e, novamente, um evento adverso. A posse aconteceu. A partir daí, ou era a desmobilização, com um retorno à consonância entre opinião e fatos da realidade, ou a expectativa de uma nova data para a vitória final. Essa data foi marcada para 8 de janeiro, quando se esperava que os acampados em frente aos quartéis de todo o país fossem até Brasília e transferissem as tendas para a Praça dos Três Poderes, ocupando os espaços e inviabilizando o funcionamento das instituições políticas até a derradeira intervenção militar para "restaurar o país, tirando-o das mãos de comunistas corruptos". O evento contava com a conivência de forças de segurança militares que não impediram a chegada de milhares de manifestantes às portas dos palácios que representam os Três Poderes da democracia brasileira. Porém, a partir daí, a força destrutiva imaterial resultante de quatro anos de dissonância por exposição seletiva em ambiente digitais e públicos se materializou em violência desproporcional aos prédios públicos dos Três Poderes. Os manifestantes não ocuparam os espaços, eles depredaram, destruindo símbolos que representavam a democracia brasileira, agindo como terroristas radicalizados ou extremistas raivosos[17].

O poder mais atacado pelas fontes de conteúdo bolsonaristas ao longo dos quatro anos foi o Judiciário. A consequência foi que o palácio mais ferozmente depredado no dia 8 de janeiro de 2023 terminou sendo o do Supremo Tribunal Federal (STF) – outra prova da conexão entre exposição seletiva a informações e comportamento em meio social. O palácio oficial da presidência da república, onde uma semana antes o presidente havia discursado em sua posse, também foi atacado e depredado. A dissonância era tão evidente entre crença e comportamento que aqueles que se definiam como patriotas estavam destruindo os principais símbolos da Pátria. Depois de instalada a destruição material dos palácios que simbolizam a democracia, o Governo Federal interveio e determinou o uso de força policial para a retomada da ordem. Ao final, palácios destruídos e desocupados, milhares de detidos e, posteriormente, presos por atentado violento contra a democracia.

Após os eventos de violência contra instituições em Brasília, no 8 de janeiro, a dimensão política do bolsonarismo sofreu o maior de todos os revezes até então. Não houve líder do movimento que defendesse de forma incondicional aqueles atos. Além disso, as forças de segurança e poder judiciário prometeram identificar, denunciar e punir não apenas os milhares de executores dos atos, mas também

[17] Os atos golpistas análogos a práticas de destruição terrorista, praticados por militantes bolsonaristas em Brasília foram registrados por portais noticiosos. Para detalhes, ver o Portal G1 Terrorismo em Brasília: o dia em que bolsonaristas criminosos depredaram Planalto, Congresso e STF | Distrito Federal | G1 (globo.com) ou o Portal UOL Terroristas bolsonaristas invadem e depredam Congresso, Planalto e STF (uol.com.br) entre os sítios eletrônicos do jornalismo tradicional.

os financiadores, em todo o país, e os que estimularam, presentes no ecossistema de comunicação digital. Na dimensão político-institucional o bolsonarismo foi derrotado em 8 de janeiro. Já na dimensão social, essa data representou apenas mais um evento adverso que pode ter atrasado, mas não inviabilizado o conjunto de crenças e valores que mobilizam parte do público brasileiro.

Assim como o bolsonarismo não foi criado pela Lava Jato ou na campanha eleitoral de 2018, ele também não desapareceu no 8 de janeiro de 2023. Continuam existindo condições estruturais para que a dissonância cognitiva coletivizada mantenha-se viva no debate público brasileiro. Para reduzir o desconforto psicológico entre o discurso de patriotas e os ataques a símbolos da pátria, imediatamente após os atos começaram a circular conteúdos que indicavam a ação de "comunistas infiltrados" na depredação, o que para os dissonantes é o suficiente para reduzir o desconforto psicológico e manter o comportamento anterior até que o próximo evento adverso aconteça.

Na prática, os dissonantes cognitivos bloqueiam a discussão sobre outros temas do debate público, preparando-se para o próximo evento adverso e usando a energia, recursos e espaços públicos para justificar a manutenção da crença após cada derrota imposta pela realidade às convicções dissonantes. O Brasil, com o bolsonarismo, não é o único exemplo de comportamento em espaços públicos que pode chegar à dissonância cognitiva coletivizada. De diferentes formas e intensidades de impacto no debate, movimentos de extrema-direita do início do século XXI utilizam ferramentas discursivas para alcançarem efeitos psicológicos parecidos, em distintas regiões do planeta.

Toda teoria da dissonância cognitiva está baseada na premissa de que uma pessoa se esforça para manter a coerência entre suas convicções com as informações que recebe do mundo exterior. O processo de adaptação das crenças aos fatos da realidade requer um custo e desconforto psicológico algumas vezes superior ao esforço de adotar a dissonância. Nesses casos, destruir instituições democráticas em favor de uma suposta liberdade para evitar o totalitarismo passa a fazer sentido aos integrantes do grupo.

Quando uma pessoa age para manter as crenças próprias contra os fatos, ocorre a dissonância. Se os fatos contrariam e mesmo assim os ideais são mantidos, a relação entre o par "crença – fato" passa a ser conflituosa. Dissonância envolve formação de comportamento para resolver problemas de maneiras que só existem nos valores dos indivíduos e não estão colocadas nos espaços públicos. Por exemplo, um racista sabe que pode evitar a adoção de políticas compensatórias para negros em seu país defendendo a continuidade de um governo que promete acabar com essas políticas por outros motivos, de ordem ideológica, por exemplo, que não o preconceito em relação à cor da pele. Ele não apresenta o próprio racismo em público como justificativa, mas a necessidade de se evitar a "ameaça comunista". Uma das proposições mais centrais da teoria é que, para evitar conflitos psicológicos, as pessoas em dissonância selecionam informações a serem consumidas e replicadas. Essa seleção é tão facilitada quanto mais segmentada for a estrutura de produção e difusão de conteúdos.

É possível desfazer o processo de dissonância cognitiva em contextos de alta capacidade de seleção de conteúdos deslocados da realidade fática? Sim. Existem duas formas para alterar a magnitude da dissonância. Uma delas é modificando a saliência ou importância de uma decisão. O que antes era relevante, deixa de ter importância, embora o contrário também possa ocorrer. Essa forma se dá na dimensão individual e psicológica, não vem de fora do indivíduo, mas dele para o debate público. A outra é expondo os indivíduos involuntariamente a informações que questionem a dissonância. Aqui, a mudança está no ambiente informacional e nos espaços de debate público, com crescimentos dos constrangimentos pessoais caso o comportamento dissonante continue. Aqui, a mudança vem do espaço público para o indivíduo (FREEDMAN; SEARS, 1965).

Em condições de aumento da saliência do tema, com maior presença dele no entorno social do integrante do público, qualquer informação inconsistente com a escolha dissonante será mais prontamente rechaçada. Em outras palavras, a dissonância cognitiva em espaços públicos não é um comportamento irreversível. Existem duas formas de reduzir ou neutralizá-la. A primeira, mais simples, é passando a aceitar fontes de informação contrárias às próprias crenças. A segunda se dá quando o indivíduo é convencido de que as crenças que possui sobre determinado assunto são irrelevantes ou estão colocadas no debate de forma tendenciosa. Tanto no primeiro quanto no segundo caso, há um desconforto psicológico inicial que levará a uma redução da dissonância no momento seguinte. Por redução da dissonância em debates públicos entende-se a maior capacidade de participar das discussões sobre temas de interesse comum abrindo-se para distintas fontes de informação e desconsiderando as próprias crenças.

A patologia da dissonância cognitiva coletivizada é uma das mais graves para o processo de formação da Opinião Pública no século XXI em função de suas consequências institucionais. Dadas as características globais do ecossistema de comunicação digital, essa patologia pode, facilmente, se transformar em pandemia comportamental e eventos adversos em uma sociedade ou país serem usados como reforço da dissonância em outros contextos. Além disso, para o público que enfrenta a patologia, o primeiro efeito negativo é o bloqueio do debate de qualquer outro tema que não o gerador da dissonância. Sem contar que para o tema dissonante o debate é deslocado das condições reais e de fatos que contradizem a possibilidade de concretização da profecia. Por fim, uma vez estabelecido o bloqueio do debate, a metástase do patogênico é nas instituições de representação política. A doença se materializa em comportamentos contrários ao funcionamento de instituições, principalmente as de caráter público. É quando o corpo social começa a convulsionar.

CONCLUSÕES

O que os normativistas do início do século XX previam como condições para melhorar a qualidade do debate público e para que a sociedade tivesse uma opinião pública mais iluminada e racional, aconteceu. No entanto, as consequências das transformações estruturais e contextos para o debate público no século XXI foram na direção contrária à predita pela teoria normativa. E isso vem gerando efeitos, inclusive, para a manutenção das democracias representativas. Há mais fontes de informação, mais diversidade de conteúdo, menos controle do líder (pois há mais líderes de opinião), os integrantes do público têm mais autonomia e liberdade para tomar suas posições, os grupos apresentam melhores condições para se autolocalizar no debate, as relações entre os debatedores são menos verticais, existe uma quantidade inimaginável de conteúdos sobre temas públicos sendo produzidos e circulando no espaço público, as barreiras culturais e econômicas para participação foram reduzidas à quase inexistência, o participante comum do debate agora é capaz de produzir e fazer circular seus próprios conteúdos nos espaços (especialmente os ambientes digitais) e quase não há mais necessidade de intermediação institucional para expressão de opiniões.

No entanto, o grande número de fontes de informação estimula a exposição seletiva aos mesmos produtores, aqueles que produzem conteúdos que concordam com as crenças pré-existentes nos integrantes dos grupos. Isso reduz o potencial de debate público racional e esclarecedor ao invés de favorecê-lo. Com a exposição seletiva, ainda que exista maior diversidade de conteúdos, grande parte das informações escolhidas seletivamente tende a bloquear o debate ao invés de estimulá-lo. A possibilidade de surgimento de um novo líder de opinião a cada momento gera um tipo de relação de celebridade, meramente estético, de projeção da própria imagem, ao invés de uma relação de representação por ideias e objetivos. A maior liberdade para tomar posição sobre tema público no debate transformou-se em instabilidade permanente, o que dificulta a identificação das reais demandas do público.

As instituições democráticas também sofreram transformações inesperadas. Da expectativa de responsividade sobre temas de interesse público ligados a elas, tiveram que ser mais responsivas sobre si mesmas. Nas democracias do século XXI, uma parte da energia do debate público é transferida para o monitoramento de organizações e figuras públicas. Parcela cada vez maior do debate é focada na avaliação, defesa ou crítica de agentes públicos e não sobre os temas a respeito dos quais os agentes e instituições públicas precisam dar respostas. O comportamento nos espaços de discussão passou a ser cada vez mais egocentrado. Não são mais públicos que se distinguem por posições em relação a temas, mas as posições são definidas pela identificação das características dos integrantes de cada grupo. A horizontalidade do debate, como nunca alcançada antes, resultou em uma situação de permanente conflito ao invés de trocas para iluminar e alimentar ideias, com abertura para reposicionamento sobre os temas.

A redução dos custos para produzir e fazer circular conteúdos nos espaços públicos resultou em um volume, também inimaginável há um século, de conspiracionismo. As teorias da conspiração não são mais eventos esporádicos no debate público, elas estão presentes em praticamente todas as discussões públicas e, em alguns casos, com centralidade. A possibilidade de participação universalizada no debate, sem um letramento prévio sobre como se comportar e para que servem os espaços públicos, estimulou as relações por sentimentos e afeições. A incivilidade identificada antes apenas nos embates entre líderes de opinião verticais ou representantes de partidos oponentes e em situações muito específicas, às vezes caricatas, passaram a ser comuns entre os debatedores e ocorrem a todo momento. A radicalização é transmissível, se espalha e contagia todos, que, emocionalmente mobilizados, tendem a adotar comportamentos mais violentos em espaços públicos e semipúblicos, notadamente em ambientes digitais.

A grande capacidade de produção de conteúdo nas últimas décadas, praticamente universal e sem a necessidade de intermediação institucional – consequência das características do ecossistema de comunicação digital –, resultou em duas consequências inesperadas. A primeira foi a redução da relevância das instituições formais presentes nos sistemas democráticos, que perderam importância e representatividade do debate. O público deixou de confiar nos representantes tradicionais que ocupam essas instituições. Os novos níveis de circulação informacional "apagaram" o debatedor comum do espaço público. Agora, quase todos querem influenciar e não aceitam ser influenciados, especialmente os que entram nas discussões mais radicalizados pelo excesso de confiança nas próprias crenças. Os antigos militantes a serviço de uma causa praticamente não existem mais, o que temos agora são militantes que se servem de uma causa. Todos pretendem chegar a líder e quase ninguém entende o seu papel como de liderado. Mesmo os que se apresentam como seguidores de um líder, o fazem na expectativa de liderar outros. A segunda foi um permanente estado de ansiedade e crescente temor pelo futuro individual em função das decisões e consequências imprevisíveis do debate público. A relação entre os integrantes do debate passou a ser desintermediada institucionalmente, o que enfraquece as instituições e os públicos, para fortalecer os indivíduos. Estes indivíduos fortalecidos, porém, inseguros, estão mais sujeitos à adesão a teorias da conspiração. A autonomia e autodeterminação, consequências da desintermediação institucional nos debates democráticos, geraram mais insegurança e medo das decisões dos outros do que capacidade de intervir positivamente para alterar a posição de quem pensa diferente sobre determinado tema público.

Tudo o que os teóricos normativos desejavam para o debate público no século XX se concretizou nas estruturas e contextos para a formação da Opinião Pública, mas a principal consequência foi o "transbordamento" de crenças, valores individuais, visões de mundo já estabelecidas, ou seja, a esfera privada, inundando os espaços públicos. Dadas as características do ecossistema dos espaços de debate atual, a dificuldade para distinguir mercado de público, instância privada de interesse coletivo, crenças próprias de novas informações sobre o tema são importantes barreiras para a discussão em termos civilizados de assuntos de interesse comum. O debate passou a ser quase que em sua totalidade uma projeção do "eu privado" em espaços públicos, fato que não é novo, mas a quantidade disso e as consequências para a organização da sociedade e funcionamento da democracia é que são uma novidade. O início do século XXI não é o primeiro a experimentar um tipo de comportamento público extremado e destrutivo. Ele já foi registrado em meados do século XIX, quando ganhou o nome de "opinião gritada", principalmente nas manifestações de rua. A diferença é que no passado as participações de forma exagerada tinham o objetivo de reformar as instituições políticas e garantir mais espaço para demandas públicas de segmentos sociais até então sem voz no debate, enquanto que agora o radicalismo objetiva substituir instituições públicas por valores e visões do mundo privado, o contrário da demanda por ampliação da diversidade pública do debate.

Como processo social, a Opinião Pública no século XXI, dadas as condições atuais para o debate e formação de grupos de interesse, teria condições adequadas para ser mais racional, independente e responsiva a estímulos produzidos por maior volume de conteúdos e mais intensidade de participação do que a do século XX. Existe atualmente mais centralidade de instituições societais de organização do debate e menos capacidade de intervenção do Estado sobre a sociedade. Mas, na prática, o debate público atual é tão ou mais emotivo, persuasivo e publicitário que quando havia poucas fontes e quase todas vinculadas a interesses de agentes estatais dispostos a controlar o debate. As instituições estatais não foram substituídas por novas estruturas societais para dar mais autonomia à participação em espaços públicos. Elas foram trocadas por instituições que antes estavam vinculadas à esfera privada da vida, notadamente as religiosas, que passaram a intervir direta e permanentemente nos debates sobre temas seculares, o que contribui para a manutenção de um comportamento passivo e responsivo do público a crenças privadas que, quando ocorrem, são mais radicalizadas. A substituição de instituições públicas especializadas na organização do debate por valores privados e organizações tradicionais, como as religiosas, para dirigir as conversações, está na origem das crises estruturais da democracia no século XXI. Foi para retirar as instituições de representação de valores privados do centro das decisões públicas que os primeiros democratas defenderam mais poder e voz para o "povo", os comuns, no século XVIII. Agora, quase não se identifica mais participantes comuns no debate e as instituições tradicionais, suas pautas e valores do mundo privado, estão cada vez mais dominantes nos espaços públicos.

A centralidade das instituições intermediadoras do mundo privado no debate público, além de promover o aumento de comportamentos a partir de crenças individuais, também contribui para o crescimento da diferença entre o que os debatedores conhecem efetivamente sobre os temas e a expectativa de conhecimento deles. A primeira característica dá centralidade às crenças arraigadas para a formação de grupos identitários, a segunda explica a radicalização e extremismo nos espaços públicos do século XXI. Podemos identificar três comportamentos distintos a partir daí. De um lado, aqueles com baixo conhecimento sobre temas públicos e expectativa de conhecimento muito alta por experiências privadas. Esse grupo se coloca no debate de forma radical e ideologicamente extremada para defender suas próprias crenças, são os crédulos bayesianos. Produto das condições estruturais e conjunturais dos espaços públicos no século XXI. No outro extremo do contínuo, os que têm alto conhecimento sobre temas públicos e baixa expectativa de conhecimento por experiência individual. Também se consideram superiores à média, mas não pelas crenças do mundo privado e sim pelas crenças fanáticas de uma sociedade ideal melhor que a atual. São os extremistas ideológicos da política, produto das tradicionais condições estruturais e de conjuntura do debate público no século XX. Entre os dois extremos estão os debatedores com expectativa de saber próxima ao conhecimento que se tem dos temas públicos. Isso permite que a participação a partir de crenças e valores individuais seja equiparada ao resultado do processamento de novas informações sobre os temas públicos. É o grupo que representa a posição pública moderada, que não se identifica com os extremistas ideológicos tradicionais, nem com o radicalismo das comunidades de crédulos bayesianos. O debate ganha qualidade quando o centro se expande, ocupando os espaços dos extremistas, e perde quando acontece o contrário. Em meados do século XX os extremistas ideológicos ganharam espaço, agora, no início do século XXI, são os crédulos bayesianos que avançam. Um século atrás, conceitos como "comunismo X capitalismo", por exemplo, serviam para organizar o debate em torno de ideais de sociedade em benefício da maioria. A radicalização se dava pelos extremistas ideológicos. Hoje, "comunismo X capitalismo" são etiquetas que servem para os debatedores se posicionarem nos espaços públicos em favor de suas próprias visões de mundo e externalizar temores privados, é o comportamento de crédulos bayesianos radicais.

Dada a sua condição de moderação, o grupo com posição intermediária entre os radicais não consegue a mesma visibilidade que os extremos no debate e isso sempre aconteceu. Mas, agora, a principal patologia do debate público no século XXI é uma dissonância que se instala coletivamente entre ideias e discursos com os comportamentos e objetivos a serem alcançados. O mais importante para entender essa patologia do debate público no século XXI é que só se pode identificar a dissonância quando os participantes do debate expõem suas opiniões antes de decidir apoiar ou não uma posição em relação a determinado tema público, quando a posição defendida é baseada na seletividade de informações, sofre um sério revés e mesmo assim a posição original é mantida em público. Importante para a qualidade da Opinião Pública é se a disfunção psicológica se apresenta em nível agregado. Quando coletivizada, constrangimentos sociais não são suficientes para evitar a dissonância cognitiva, ao contrário, tais constrangimentos podem ser usados como argumento para reforçar a posição dissonante nos espaços públicos. Apesar de inúmeros fatos contrários, sempre haverá alguém que decida beber álcool antes de dirigir, mesmo que já tenha sofrido consequências negativas por esse ato no passado, como um acidente de trânsito (evento adverso a ser superado), por exemplo. Da mesma forma, haverá, no momento inicial do processo de formação da Opinião Pública, no indivíduo, potencial para a passagem da consonância à dissonância cognitiva. Essa é uma patologia pandêmica para a qual a vacina que permitirá a produção de anticorpos nos debatedores nunca será aplicada no indivíduo, mas, coletivamente – o que aumenta o risco de efeitos colaterais.

O debate público no século XXI é composto por um conjunto de fatores que, quando analisados de forma isolada, apresentam características conjunturais ou estruturais dos espaços digitais por onde perpassam as conversações. Do ponto de vista individual, as pessoas expressam mais excesso de confiança nas próprias crenças, decidem não se expor a todo conteúdo disponível, o que resulta em posições pessoais mais extremadas e na defesa radicalizada de pontos de vista a partir da própria experiência. Quanto à conjuntura, os debatedores estão mais propensos a formar públicos egocêntricos e disponíveis a teorias conspiratórias. Quanto à estrutura, o debate público em ecossistema de comunicação digital dificulta a separação entre público e privado e favorece um comportamento monitório mais crítico às instituições e destinando menos energia para a discussão dos temas de fato. Consideradas de forma independente para a análise, cada uma dessas características é compreendida como um componente próprio do processo de formação da Opinião Pública no século XXI. De forma associada e com os estímulos adequados, oferecem condições conjunturais e estruturais para a patologia da dissonância cognitiva coletivizada nos espaços públicos.

Como é possível depreender da discussão apresentada aqui, as crises da democracia estão conectadas, ou são consequência, das crises e transformações no debate público. Ainda que as teorias democráticas tendam a subestimar o papel do debate em complexos ambientes que reúnem condições psicossociais para aumento ou redução do apoio público para as instituições democráticas, a Opinião Pública sempre foi uma chave explicativa importante para a realização ou não das promessas da democracia representativa. Um possível desdobramento de pesquisas no campo da Opinião Pública, que se faz cada vez mais necessário, é aquele que conecta a qualidade do debate sobre temas públicos, aspecto imaterial e anterior, com a qualidade do funcionamento das instituições estatais e públicas, aspecto material e posterior, como explicação para as crises da democracia representativa no século XXI. As instituições democráticas só funcionam adequadamente se, antes delas, o debate público é funcional para a democracia. No século XXI há um novo público e ele não é tributário dos valores e princípios que ajudavam a construir a Opinião Pública cem anos atrás. Esse novo público não se vê representado pelas instituições democráticas tradicionais; ao contrário, ele prefere se relacionar com organizações que representam valores privados, na esfera moral ou econômica, do que com as instituições democráticas que organizavam o processo de formação e davam respostas à Opinião Pública já consolidada.

REFERÊNCIAS

ABELLÁN, Joaquín. *Democracia: conceptos políticos fundamentales*. Madrid: Alianz Editorial, 2011.

ANDUIZA, Eva & BOSCH, Agustí. *Comportamiento político y electoral.* Barcelona: Editorial Ariel, 2004.

BAIL, Christopher A. *et al.* "Exposure to opposing views on social media can increase political polarization". *PNAS*. Washington, DC: PNAS, ano 115, nº 37 (2018), pp. 9216-9221. Disponível em: https://doi.org/10.1073/pnas.1804840115. Acesso em: 21 fev. 2023.

BARNIDGE, Matthew e ROJAS, Hernando. "Hostile media perceptions, presumed media influence and political talk: expanding the corrective action hypothesis". *International Journal of Public Opinion Research.* Oxford: Oxford Academy, ano 2, nº 26 (2014), pp. 135-156. Disponível em: https://doi.org/10.1093/ijpor/edt032. Acesso em: 21 fev. 2023.

BARNIDGE, Matthew, ARDEVOL-ABREU, Alberto e ZUÑIGA, Homero. "Content-expressive behavior and ideological extremity: An examination of the roles of emotional intelligence and information network heterogeneity". *New media & Society*. Sage journals, ano 1, nº 20 (2016), pp. 1-20. Disponível em: https://doi.org/10.1177/1461444816675183. Acesso em: 21 fev. 2023.

BERGER, Peter e ZIJDERVELD, Anton. *Em favor da dúvida: como ter convicções sem se tornar um fanático*. Rio de Janeiro: Elsevier, 2012.

BLANCO, Victor S. *Opinión Pública y democracia deliberativa: medios, sondeos y urnas*. Madrid: Ediciones Istmo, 2000.

BOBBIO, Norberto, MATTEUCCI, Nicola e PASQUINO, Gianfranco. *Dicionário de Política*. Verbete Opinião Pública. Brasília: Editora Universidade de Brasília. 11ª ed., 1998. Disponível em: https://edisciplinas.usp.br/pluginfile.php/2938561/mod_resource/content/1/BOBBIO.%20Dicion%C3%A1rio%20de%20pol%C3%ADtica.pdf. Acesso em: 21 fev. 2023.

BOUDON, Raymond. *The art of self-persuasion*. Blackwell publishers: Cambridge, 1994. Part 1. pp. 3-109.

BOURDIEU, Pierre. *O poder simbólico*. Rio de Janeiro: Bertrand Brasil, 2002.

BURT, Ronald. "The social capital of opinion leaders". *Annals of the American Academy of Political and Social Science*. JSTOR, ano 566, nº 1 (1999), pp. 37-54. Disponível em: https://www.jstor.org/stable/1048841. Acesso em: 21 fev. 2023.

CAMPBELL, Angus, CONVERSE, Philip, MILLER, Warren e STOKES, Donald. *The American Voter*. New York: John Wiley & Sons, 1964.

CANFORA, Luciano. *A Democracia: história de uma ideologia*. Lisboa: Edições 70, 2007.

CHAMPAGNE, Patrick. *Formar a opinião*. São Paulo: Vozes, 1998.

CERVI, Emerson. *Opinião Pública e comportamento político*. Curitiba: Editora Ibpex, 2010.

CERVI, Emerson. "Quando o discurso social de direita encontra políticos demagogos e instituições democráticas enfraquecidas: o caso do extremismo brasileiro". *Revista Más Poder Local*, ano 1, nº 50 (2022), pp. 108-123. Disponível em: https://doi.org/10.56151/maspoderlocal.111. Acesso em: 21 fev. 2023.

CRESPI, Irving. *The public opinion process: how the people speak*. London: Lawrence Erlbaum Ass, 1997.

COHN, Gabriel. *Comunicação e Indústria Cultural*. São Paulo: Companhia Editora Nacional, 1971.

CORRÊA, Tupã. *Contato Imediato com a Opinião Pública: os bastidores da ação política*. Rio de Janeiro: Editora Global, 1993.

DADER, Jose Luis. "La evolución de las investigaciones sobre la influencia de los medios y su primera etapa: teoria del impacto directo". In ALONSO, Alejandro *et al. Opinión Pública y Comunicación Politica*. Madrid: Eudema Universidad, 1990, (p. 221 a 241).

DAHL, Robert A. *Sobre a Democracia.* Brasília: Editora UnB, 2001.

DAVISON, Philips. "The Public Opinion Process". Public Opinion Quarterly, v. 22, n. 2, 1958, pp. 91-106.

DOURADO, Tatiana e GOMES, Wilson. "O que são, afinal, fake news, enquanto fenômeno de comunicação política?" In *Anais do VIII Congresso da Associação Brasileira de Pesquisadores em Comunicação e Política*, Brasília, DF: UnB, (2019), pp. 1-25. Disponível em: http://compolitica.org/novo/wp-content/uploads/2019/05/gt6_Dourado_Gomes.pdf. Acesso em: 21 fev. 2023.

ESTEVES, João Pissara. *Opinião pública e democracia na sociedade de informação.* Universidade Nova de Lisboa. Biblioteca On-line de Ciências da Comunicação, 1997.

EATWELL, Roger & GOODWIN, Matthew. *Nacional-populismo: a revolta contra a democracia liberal.* Rio de Janeiro: Ed. Record, 2020.

FESTINGER, Leon, RIECKEN, Henry e SCHACHTER, Stanley. *When Prophecy fails.* Minneapolis: University of Minnesota Press, 1955.

FESTINGER, Leon. *A theory of cognitive dissonance.* Palo Alto: Stanford University Press, 1957.

FLAXMAN, Seth, GOEL, Sharad e RAO, Justin. "Filter bubbles, echo chambers and online news consumption". *Public Opinion Quarterly*, Oxford academic: Oxford, ano 80, Special Issue (2016), pp. 298-320. Disponível em: https://doi.org/10.1093/poq/nfw006. Acesso em: 21 fev. 2023.

FREEDMAN, Jonathan e SEARS, David. "Selective Exposure". *Advances in experimental social psychology.* Elsevier, ano 2 (1965), pp. 57-97. Disponível em: Ruihttps://doi.org/10.1016/S0065-2601(08)60103-3. Acesso em: 21 fev. 2023.

FIGUEIREDO, Marcus. "Mídia, mercado de informação e opinião pública". In DA CRUZ, Rui Paulo; FIGUEIREDO, Marcus; SHROTER, Josh; GERMAN, Cristiano; LÉVY, Pierre; FERRAR, Vicenzo (orgs.) *Informação e democracia.* Rio de Janeiro: EdUERJ, 2000.

FIGUEIREDO, Rubens e CERVELLINI, Sílvia. "Contribuições para o conceito de opinião pública". *Revista Opinião Pública*, Campinas, ano 3, nº 3, (1995), pp. 171-185. Disponível em: https://edisciplinas.usp.br/pluginfile.php/50629/mod_resource/content/1/figueredo_cevellini.pdf. Acesso em: 21 fev. 2023.

GARRETT, Kelly e STROUD, Natalie. "Partisan paths to exposure diversity: differences in pro- and counterattitudinal news consumption". *Journal of Communication.* Wliey Online Library, ano 64, nº 4 (2014), pp. 680-701. Disponível em: https://doi.org/10.1111/jcom.12105. Acesso em: 21 fev. 2023.

GLAESER, Edward e SUNSTEIN, Cass. "Extremism and Social Learning". *Journal of Legal Analysis.* Oxford Academy: Oxford, ano 1, nº 1 (2009), pp. 263-324. Disponível em: https://doi.org/10.4159/jla.v1i1.10. Acesso em: 21 fev. 2023.

GOMES, Wilson et al. "Politics 2.0: a campanha online de Barack Obama em 2008. Revista Sociologia e Política. N. 17. V. 34, 2009, pp. 29-43. Disponível em: https://doi.org/10.1590/S0104-44782009000300004 Acesso em: 26 fev. 2023.

GRAHAM, Todd. "Between broadcasting political massages and interacting with voters". *Information, comunication and society.* Taylor Francis Online, Londres, ano 16, nº 5 (2013), pp. 692-716. Disponível em: https://doi.org/10.1080/1369118X.2013.785581. Acesso em: 21 fev. 2023.

GROSSI, Giorgio. *La opinión pública: teoría del campo demoscópico.* Madrid: CIS-centro de investigaciones sociológicas, 2007.

HABERMAS, Jürgen. *Historia y critica de la opinión pública: la transformación estructural de la vida pública.* Barcelona: G. Gili, 1981.

HABERMAS, Jürgen. *Mudança estrutural da esfera pública.* Rio de Janeiro: Tempo Brasileiro, 2003.

HOHLFELDT, Antonio, MARTINO, Luiz e FRANÇA, Vera (Org.). *Teorias da comunicação: conceitos, escolas e tendências.* São Paulo: Editora Vozes, 2001.

IYENGAR, Shanto & KINDER, Donald. *News that matters: television and American Opinion.* Chicago: University of Chicago Press, 1987.

IYENGAR, Shanto, SOOD, Gaurav e LELKES, Yphtach. "Affect, not ideology: a social identity perspective on polarization". *Public Opinion Quarterly.* JSTOR, ano 76, nº 3 (2012), pp. 405-431. Disponível em: https://www.jstor.org/stable/41684577. Acesso em: 24 fev. 2023.

KATZ, Elihu e LAZARSFELD, Paul F. *Personal Influence: The Part Played by People in the Flow of Mass Communication.* New York: Free Press, 1955.

KEANE, John. "Structural transformation of the public sphere". *The Communication Review.* Sage journals, ano 31, nº 1 (1995), pp. 1-22. Disponível em: https://doi.org/10.1177/0725513692031001l. Acesso em: 24 fev. 2023.

KEANE, John. *Monitory democracy and media-saturated societies.* Griffith Review. Participation Society: 24, 2009.

KEY, Victor O. "An introduction to public opinion and American Democracy". In WELCH, Terry e COMER, Douglas. *Public Opinion.* Palo Alto: Mayfield Pub., 1968.

KUNCZIK, Michael. *Conceitos de Jornalismo.* São Paulo: Edusp, 1997.

LAGE, Nilson. *Controle da opinião pública: ensaio sobre a verdade conveniente.* Rio de Janeiro: Vozes, 1998.

LANE, Robert E. e SEARS, David O. *Public Opinion.* New Jersey. Prentice-Hall, 1964.

LAWSON-BORDERS, Gracie. *Media Organizations and Convergence: Case Studies of Media Convergence Pioneers.* Mahwah, NJ: Lawrence Erlbaum Associates, 2006.

LAZAR, Judith. *L'opinión publique.* París: Sirey, 1995.

LAZARSFELD, Paul. *Radio and the printed page: an introduction to the study of radio and its role in the communication of ideas.* New York: Duell, Sloan & Pearce, 1940.

LAZARSFELD, Paul, BERELSON, Bernard e GAUDET, Hazel. *The people choice.* Duell, Sloan & Pearce, 1944.

LEVITSKY, Steven & ZIBLATT, Daniel. *Como as democracias morrem.* Rio de Janeiro: Ed. Zahar, 2018.

LI, Wenbin, BADR, Youakim e BRIENNIER, Frédérique. "Digital ecosystems: challenges and prospects". In *Proceedings of the 12th International Conference on Management of Emergent Digital Eco Systems.* New York: Association of Computing Machinery, 2012. Disponível em: https://dl.acm.org/doi/proceedings/10.1145/2457276. Acesso em: 21 fev. 2023.

LIPPMANN, Walter. *Liberty and the news.* New Brunswick: Transaction Publishers, 1995.

LIPPMANN, Walter. *Opinião Pública.* Petrópolis: Editora Vozes, 2008.

LUHMANN, Niklas. *La realidad de los medios de masas.* México: Anthropos, 2000.

MAFFESOLI, Michel. *El tiempo de las tribus.* Barcelona: Icaria, 1990.

MANIN, Bernard. A Democracia do Público reconsiderada. Revista Novos Estudos Cebrap. N. 97, 2013 (pp. 115-127) Disponível em: https://doi.org/10.1590/S0101-33002013000300008 Acesso em: 26 de fev. de 2023.

MARKOFF, John. Where and When Was Democracy Invented? Comparative Studies in Society and History. V.41.n 4, 1999 (pp. 660-690).

MASON, Liliana. “Ideologues without issues: the polarizing consequences of ideological identities”. *Public Opinion Quarterly*. ano 82, Special Issue (2018), pp. 866-887. Disponível em: https://doi.org/10.1093/poq/nfy005. Acesso em: 24 fev. 2023.

MERTON, Robert K. *Social Culture and Social Structure*. New York City: Macillan, 1949.

MOORE, Don A. e HEALY, Paul J. “The trouble overconfidence”. *Psychological Review*. Washington, DC: APA PsycNet, ano 115, nº 2 (2008), pp. 502-517. Disponível em: https://doi.org/10.1037/0033-295X.115.2.502. Acesso em: 24 fev. 2023.

MORIN, Edgar. *Cultura de Massas no século XX*. volume 1: Neurose (9ª edição). Rio de Janeiro: Forense Universitária, 2009.

MUTZ, Diana C. e YOUNG, Lori. “Communication and public opinion: plus ça change?”. *Public opinion quarterly*. Oxford: Oxford Academy, ano 75, nº 5 (2011), pp. 1018-1044. Disponível em: https://doi.org/10.1093/poq/nfr052. Acesso em: 24 fev. 2023.

MUÑOZ-ALONSO, Alejandro *et al. Opinión Pública Y Comunicación Política*. Madrid: Editora Eudema, 1992.

NOELLE-NEUMANN, Elisabeth. “The Spiral of Silence: a Theory of Public Opinion”. *Journal of Communication*. Oxford: Oxford Academy, ano 24, nº 2 (1974), pp. 43-51. Disponível em: https://doi.org/10.1111/j.1460-2466.1974.tb00367.x. Acesso em: 24 fev. 2023.

ORTOLEVA, Pietro e SNOWBERG, Erik. “Overconfidence in Political Behavior”. *American Economic Review*. American Economic Association, ano 105, nº 2 (2015), pp. 504-535. Disponível em: https://doi.org/10.1257/aer.20130921. Acesso em: 24 fev. 2023

PAGE, Benjamim e SHAPIRO, Robert. *The Racional Public*. Chicago: Chicago University Press, 1992.

PASQUINO, Gianfranco. *Modernización y desarollo político*. Barcelona: Nova Terra, 1974.

PERRIN, Andrew J. e MCFARLAND, Katherine. "Social Theory and Public Opinion". *Annual Review of Sociology*. Annual Reviews, ano 37, (2011), pp. 87-107. Disponível em: https://doi.org/10.1146/annurev.soc.012809.102659. Acesso em: 24 fev. 2023.

PINGREE, Raymond J. "Decision Structure and the problem of scale in deliberation". *Communication Theory*. Oxford: Oxford Academy, ano 16, nº 2 (2006), pp. 198-222. Disponível em: https://doi.org/10.1111/j.1468-2885.2006.00268.x. Acesso em: 24 fev. 2023.

PROOLJEN, Jan W. e JOSTMANN, Nils B. "Belief in Conspiracy Theories: the influence of uncertainly and perceived morality". *European Jounal of social Psychology*. Wiley Online Library, ano 43, nº 1 (2013), pp. 109-115. Disponível em: https://doi.org/10.1002/ejsp.1922. Acesso em: 24 fev. 2023.

PROOLJEN, Jan W., KROUWEL, André e POLLET, Thomas. "Political extremism predicts belief in conspiracy theories". *Social Psychological and Personality Science*. Sage journals, ano 6, nº 5 (2015), pp. 570-578. Disponível em: https://doi.org/10.1177/1948550614567356. Acesso em: 24 fev. 2023.

QUÉS, Maria Elena. *Medios y política. Imágenes, discursos y sentidos*. Buenos Aires: Editorial Universitaria Rioplatense, 2012.

RENÓ, Denis, CAMPALANS, Carolina, RUIZ, Sandra e GOSCIOLA, Vicente. *Periodismo transmedia: miradas múltiples*. Barcelona: Editorial UOC, 2014.

ROJAS, Hernando, BARNIDGE, Matthew e ABRIL, Eulàlia. "Egocentric publics and corrective action". *Communication and the Public*. Sage journals, ano. 1, nº 1 (2016), pp. 27-38. Disponível em: https://doi.org/10.1177/20570473156194. Acesso em: 24 fev. 2023.

SARLO, Beatriz. *La audacia y el cálculo*. Kirchner 2003-2010. BBAA, Sudamericana, 2011.

SARTORI, Giovanni. *A teoria democrática revisitada*. São Paulo: Editora Ática, 1994.

SARTORI, Giovanni. *"Homo videns": televisão e pós-pensamento*. Bauru: EDUSC, 2001.

STARR, Paul. "An unexpected crisis: The news media in postindustrial democracies". *The International Journal of Press/Politics*. Sage journals, ano 17, nº 2 (2012), pp. 234-242. Disponível em: https://doi:10.1177/1940161211434422. Acesso em: 24 fev. 2023.

TSFATI, Yariv e ARIELY, Gal. "Individual and contextual correlates of trust in media across 44 countries". *Communication Research*. Sage journals, ano 41, nº 6 (2014), pp. 760-782. Disponível em: https://doi.org/10.1177/0093650213485972. Acesso em: 24 fev. 2023.

WOLTON, Dominique. *Elogio do grande público: uma teoria crítica da televisão*. São Paulo: Editora Ática, 1990.

VERBA, Sidney, SCHLOZMAN, Kay L. e BRADY, Henry. *Voice and Equality: civic voluntarism in american politics*. Harvard University Press, 1995.

ZALLER, John R. *The nature and origins of mass opinion*. Cambridge: Cambridge University Press, 1992.

Sítios eletrônicos consultados

PORTAL G1: https://g1.globo.com/df/distrito-federal/noticia/2023/01/08/o-dia-em-que-bolsonaristas-invadiram-o-congresso-o-planalto-e-o-stf-como-isso-aconteceu-e-quais-as-consequencias.ghtml

PORTAL UOL: https://noticias.uol.com.br/politica/ultimas-noticias/2023/01/08/bolsonaristas-congresso-policia.htm

PORTAL OMS: https://covid19.who.int/